Por los residentes del campo de Eleonas, Atenas, Grecia.

RECIPES

WELCOME

projectelea

Refugiado: persona que, a consecuencia de guerras, persecuciones y desastres naturales, se ve obligada a escapar de su propio país.

Mar Mediterráneo
2015-2018

Llegadas: 1.649.993
Muertes o desapariciones: 12.364

Cada 2 segundos, 1 persona se ve desplazada por la fuerza como resultado de un conflicto o una persecución.

En 2018, 2 de cada 100 personas que intentaron cruzar el mar Mediterráneo murieron.

#safepassage

Fuente: ACNUR

Para aquellos que, al tratar de salvar la vida de sus

.eres queridos, lo han dado todo, incluso su propia vida.

Título: RECIPES WELCOME. LAS RECETAS DE REFUGIADOS QUE LAS FRONTERAS NO PUDIERON DETENER.
ISBN 978-618-84101-4-5

Idea original y dirección: Francisco Gentico.
Diseño y composición tipográfica: Simone Plassard.
Estilista de alimentos: María Ángeles Torres.
Diseño de cubierta: Simone Plassard y Francisco Gentico.
Edición: Lucy Peploe.

Traducción del inglés: Cillero & de Motta.

Primera edición en español Enero de 2019.

ISBN 978-618-84101-4-5

www.projectelea.org

CONTENIDO

Todos los beneficios de la venta de este libro se destinarán a Project Elea y a los residentes del campo de refugiados Eleonas.

PRÓLOGO

Cuando yo hacía primaria en Nueva York, los alumnos estudiábamos diferentes naciones del mundo: México, Francia, China, Egipto. Por aquel entonces todavía no existía Internet, así que aprendíamos sobre estos países a través de los libros de texto. Allí encontrábamos ideas tan fascinantes como: «El suajili es una de las lenguas oficiales de Kenia», «Una de las principales exportaciones de Grecia es el aceite de oliva» y «El invierno llega pronto a los Urales».

Pero mi profesora era inteligente.

En lugar de eso, nos dio de comer.

Como estadounidenses, todos en mi clase eran descendientes de otras nacionalidades. Nuestra profesora nos pidió traer recetas de nuestros «países de origen» para recopilarlas en un libro de cocina internacional. Un chico trajo una receta de enchiladas. Una chica, una de *shaomai*. Otro trajo tostadas galesas. Mazapán. *Borsch*. Hojas de parra rellenas. Pollo *teriyaki*. Al conocer estos platos, aprendimos sobre la agricultura, la historia y los estilos de vida de otros países. Después, una tarde, en la pequeña cocina del colegio, preparamos esos platos y celebramos un «almuerzo mundial». Cada vez que mis compañeros y yo probábamos algo que nunca habíamos comido, se abría un mundo nuevo en nuestros paladares.

La comida es muchas cosas. Es, sobre todo, el sustento: lo que nos mantiene con vida. También es la forma más elemental de amor ya que lo primero que una madre hace es alimentar a su bebé recién nacido. Pero la comida también es cultura. Y arte. Y quizá, sobre todo, lenguaje. Es la forma en que nos comunicamos, especialmente cuando no tenemos un lenguaje común. La manera más fácil que tenemos de adentrarnos en las culturas y los corazones de los demás es a través de la comida. Al sentarnos juntos, compartir una comida y probar la cocina del otro, nos sentimos más cerca, nos volvemos más curiosos y cómplices.

Como bien dijo el chef y presentador estadounidense Anthony Bourdain: «La comida es todo lo que somos. Es una extensión del sentimiento nacionalista, étnico, de tu historia personal, de tu provincia, de tu región, de tu tribu, de tu abuela». Y cuando tenemos que huir de nuestro lugar de origen, nuestra cocina es todo lo que podemos llevar con nosotros. Las recetas son portátiles como pocos otros elementos culturales lo son. Puede que tengas que abandonar Kabul, Alepo, Varsovia, Dakar, Limerick, Misrata, Da Nang o Sarajevo solo con lo puesto. Pero llevarás contigo tus conocimientos de cocina.

Actualmente, los residentes del campo de refugiados de Eleonas en Atenas, Grecia, provienen de más de veintiséis países de todo el mundo. Ninguno de ellos, por supuesto, planeaba convertirse en refugiado. Antes de dejar sus países de origen, eran personas con hogares, familias, vidas, trabajos y sueños. Ahora, su cocina es a menudo todo lo que les queda de su cultura.

Para aquellos de nosotros que hemos sido voluntarios en Eleonas, la hospitalidad de los residentes resulta abrumadora. Siempre nos invitan a comer con ellos. Con los escasos recursos del campo, compran ingredientes que luego transforman en platos calientes y comidas extraordinarias. Al hacerlo, también nos transforman a todos nosotros.

Cuando comemos todos juntos, ya no somos «refugiados» y «voluntarios», sino «anfitriones» e «invitados». Durante unos minutos, somos iguales y estamos normalizados en medio de una situación geopolítica horrible. Nos sentamos juntos y masticamos, tragamos y reímos. Lo mejor de nosotros mismos viene con guisos, arroz, curry y pan.

Con demasiada frecuencia, el mundo ve a los «refugiados» como una masa sin rostro, dolorida y amenazante. Al contar las historias de los cocineros, esperamos recordarle al mundo en general que las personas a las que suele temer son seres humanos complejos y hermosos con una rica historia y con talento. Son personas con recetas familiares y amor por la comida, que permanecen junto a una pequeña olla sonriendo mientras mezclan cilantro y sal. Son mujeres que se enorgullecen de hacer encurtidos y pan, de picar tomates y de preparar arroz. Son, en resumen, como nuestros padres, como nuestras «abuelas». Son, de hecho, nosotros.

Susan Jane Gilman, autora de *best sellers* y voluntaria del Project Elea.

ensaladas y guarniciones

RIZ AU GRAS

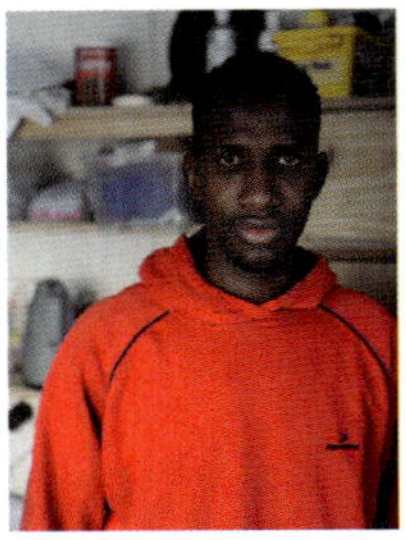

BIBA
GUINEA

PERSONAS 8

PREP. 10 MIN

COCCIÓN 20 MIN

Nadie me enseñó a cocinar. A los 16 años vivía cerca de un campamento militar. Mis amigos y yo veíamos a los soldados que volvían del mercado con comida y mirábamos cómo cocinaban. También miraba a mi madre, y me gustaba aprender de ella, pero nunca cocinamos juntos. En Guinea, estudiaba mecánica.

Me fui hace más de 2 años, cruzando Senegal, Marruecos y Turquía. Después, fui a Kos en barco. Era uno pequeño con 46 personas. Durante el viaje, empezó a llover mucho y el motor se paró. El barco se balanceaba y la gente se empezó a caer, 15 en total, entre ellos, mi mejor amigo. Los perdimos. Una mujer de Irak se cayó al agua, se agarró a mi pierna e intenté ayudarla, pero no pude, si lo hubiera hecho, yo también me habría caído. Al final, ya no pudo aguantar más y se ahogó. Hasta el día de hoy, cuando voy a la playa y al mar, recuerdo ese momento y me detengo antes de adentrarme demasiado.

Este plato lo suelen preparar las mujeres guineanas, aunque hay algunos hombres que saben hacerlo. Tenía unos 19 años cuando aprendí. Una noche, le dije a mi madre: «Esta noche, yo cocinaré», y ella me dijo: «Pero no sabes cómo, nadie te ha enseñado». Le dije que no se preocupara. Después, llamé a mis padres para que vinieran a comer. Se sorprendieron y preguntaron: «¿Alguien de fuera te ha enseñado?».

Me gusta cocinar, pero no solo. Incluso cuando estoy fuera del campo y tengo mucha hambre, espero hasta que llego a casa para cocinar. Necesito que alguien, cualquiera, cocine y coma conmigo. En Eleonas, primero viví con otras 5 personas de Guinea, Mali, Senegal y Uganda. Solíamos juntar nuestro dinero y cocinar y comer juntos. Era estupendo. Desgraciadamente, la tradición se perdió cuando algunos se fueron.

INGREDIENTES

6 cebollas
4 dientes de ajo
4 tomates grandes
4 pimientos morrones (verdes preferiblemente)
4 pastillas de caldo (de pollo o verduras)
125 ml de aceite vegetal
2 c. c. de sal
2 c. c. de pimienta negra
1 1/2 c. c. de chile picante
1 kg de arroz blanco

PASOS

1 Pela las cebollas y lava todas las verduras. Corta las cebollas, los pimientos y los tomates en dados.

2 Echa el aceite en una cacerola y, cuando esté caliente, añade las verduras cortadas en dados. Remueve todo bien y baja el fuego, tápalo y deja que las verduras se cocinen durante unos 8 minutos.

3 Añade 4 vasos grandes de agua, junto con la sal y las pastillas de caldo. Remueve todo bien. Echa la pimienta negra y el ajo finamente picado. Mezcla todo y cuécelo a fuego lento de 5 a 10 minutos. Pruébalo y corrígelo de sal si es necesario.

4 Por último, añade el arroz, remueve todo bien y añade más agua si es necesario. Déjalo cocer hasta que el arroz absorba toda el agua, removiendo de vez en cuando.

Se toma con pollo, pescado o solo.

SALATA ASWAD

MUSTAFA
SUDÁN

PERSONAS
8

PREP.
20 MIN

COCCIÓN
1 H

Aprendí a cocinar con mi madre. Cada vez que cocinaba, yo la miraba, ayudaba cuando podía, y así aprendí rápido. Cocinar significa mucho para mí. Algunos días sueño con ser un cocinero profesional. Cocinar significa posibilidades. Me gustan muchos tipos de comida de todas las nacionalidades, así que podría estar todo el día probando recetas.

Vivir en Sudán era un poco malo, pero no demasiado. Entonces, la guerra lo hizo malo. Amo mi país y cómo solía ser mi vida. Estaba estudiando y espero que, aunque me haya mudado, pueda retomar mis estudios. Cuando me fui, viajé de Sudán a Egipto y, luego, a Turquía. Me costó un año en total. En Turquía, cogí un barco que iba a Quíos. Fue un momento muy difícil.

Mi vida es mejor en Atenas, pero no mucho. Es mejor vivir con gente que no lucha, aunque sigan causando problemas. Parece ser un tema recurrente, pero la vida sin guerra es mucho mejor.

En el futuro, quiero ser el presidente de Sudán. Quiero terminar mis estudios y vivir durante un tiempo en Inglaterra, Estados Unidos o incluso en Canadá.

INGREDIENTES

2 berenjenas
425 g de alubias rojas, enlatadas
1 c. s. de mantequilla de cacahuete crujiente
1 c. c. de sal
1 c. c. de pimienta
1 diente de ajo machacado

PASOS

1 Pela y corta las berenjenas en dados.

2 Calienta el aceite en una sartén con la sal, la pimienta y el ajo machacado. Echa la berenjena en la sartén y fríe hasta que esté blanda (20-25 minutos).

3 Escurre y aplasta las alubias enlatadas. Mézclalas con la berenjena junto con 1 cucharada de mantequilla de cacahuete.

Se sirve con pan de pita.

TABULÉ

REJA
SIRIA

PERSONAS 8

PREP. 45 MIN

COCCIÓN 0 MIN

Soy de Damasco, Siria. Me casé a los 14 años y tuve 2 hijos a los 16. Aprendí a cocinar cuando visitaba a mis hermanas, veía cómo lo hacían e intentaba imitarlas en mi casa. También me gusta descubrir cosas y maneras de cocinar nuevas. Me gusta preparar la comida: me hace feliz y me llena de alegría. Mientras cocino, me concentro en preparar un buen plato y darle mi propio toque.

Mi vida era muy difícil en Damasco por culpa de la guerra. Fui de casa en casa para intentar mantenerme a salvo. Finalmente, caminé durante un mes y medio de Siria a Turquía. Luego fui en barco de Turquía a Mitilini, antes de llegar a Atenas. Mi hijo fue a Alemania antes que yo e intenté seguirlo, pero ahora las fronteras están cerradas y es más difícil llegar hasta allí.

La primera vez que pisé Atenas, me sentí segura. No miro hacia atrás, sino hacia adelante, hacia mi nueva vida. Aunque estoy cansada, enferma y esperando constantemente, no me importa porque tengo una meta: volver a ver a mi hijo *[Reja está ahora en Alemania con su hijo].*

INGREDIENTES

5 tomates en dados
3 pepinos en dados
250 g de trigo bulgur molido fino
5 ramitas de perejil fresco
1 cebolla grande picada fina
zumo de 3-4 limones
4 ramitas de menta fresca picadas finas
175 ml de aceite de oliva
1 c. c. de sal
1/4 c. c. de pimienta negra recién molida
hojas de lechuga romana, para servir (opcional)

PASOS

1 Pon el trigo bulgur en un cuenco y cúbrelo con agua tibia. Déjalo en remojo hasta que se ablande, unos 20 minutos. Escurre el bulgur en un colador de malla fina, presionando con una cuchara para quitar el exceso de agua. Separa el bulgur con un tenedor.

2 Lava el perejil, déjalo secar y córtalo en tiras finas. Pica la menta.

3 Pica los tomates, los pepinos y la cebolla. Mézclalos con el perejil, la menta y el bulgur en un recipiente grande.

4 En otro recipiente, bate el zumo de limón, el aceite de oliva, la sal y la pimienta. Mezcla suavemente el aderezo con el bulgur y la ensalada.

El tabulé se sirve con hojas de lechuga que hacen las veces de cubiertos.

KIBBEH VEGETARIANO

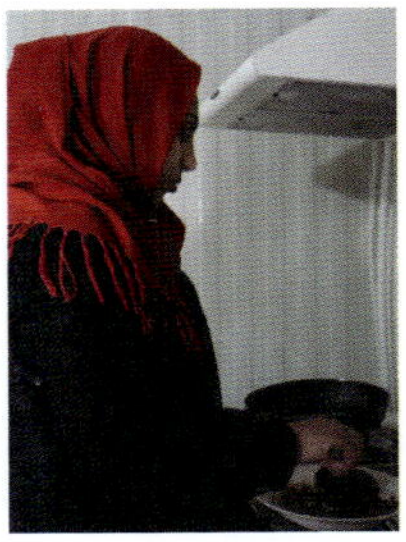

HIBA
SIRIA

PERSONAS 5

PREP. 2 H

COCCIÓN 0 MIN

Mi familia y yo somos de Alepo, pero nos mudamos a Damasco por trabajo. Ellos me enseñaron a cocinar. Me gusta darle mi propio toque a mis platos. Mi marido y yo preparábamos pan para nuestros vecinos de Siria y seguimos haciéndolo en el campo. La cocina une a las familias. Nos gusta celebrar comidas especiales juntos.

Antes de la guerra, nuestra vida era muy buena, pero después, las cosas se pusieron muy feas. Vivíamos en Raqqa, donde había muchos miembros del Daesh, y siempre había gente que me decía que tenía que cubrirme la cara. Vimos cosas terribles en las calles de nuestra ciudad.

De Raqqa fuimos ilegalmente a Turquía, donde estuvimos 2,5 meses. La situación era muy difícil porque todo era muy caro. Fuimos a Esmirna y luego a Mitilini, Grecia. Nos quedamos 2,5 meses y luego nos trasladaron a Atenas porque estaba embarazada.
Estamos bien aquí. Ni muy felices ni muy tristes. Aquí en Grecia no oímos aviones de combate ni vemos morir gente cada día, así que estamos mejor que en Siria, pero no tenemos suficiente dinero.

Me gustaría ser chef algún día y quiero estar con mi madre en Alemania.

INGREDIENTES

2 cebollas grandes
500 g de guindillas rojas, sin semillas
4 tomates medianos
1 kg de trigo bulgur molido fino
3 c. c. de sal
1 c. c. de chile rojo en polvo
1 c. c. de comino molido
3 c. s. de aceite de oliva

Para adornar:
unas hojas de lechuga
2 limones
1/2 pepino
1 ramita pequeña de perejil
aceite de oliva

PASOS

1 Deja en remojo el trigo bulgur $1\frac{1}{2}$ horas. Escurre e introduce en un procesador de alimentos. Añade las cebollas, las guindillas y los tomates picados finos.

2 Pícalo todo hasta que esté bien suave pero sin llegar a ser puré. Pásalo a un bol y añade la sal, el comino y el chile rojo en polvo (al gusto) y mezcla todo bien.

3 Echa el aceite de oliva y mézclalo hasta que sea consistente y moldeable, añadiendo más aceite según sea necesario. Usa las manos para enrollar las hamburguesas en forma de tronco y adórnalas con lechuga, pepino, perejil y rodajas de limón.

4 Rocíalas con aceite de oliva.

BOLAS DE QUESO

AISHA
PALESTINA

PERSONAS
6

PREP.
3 H

COCCIÓN
30 MIN

Preparo platos de Palestina, del Líbano o más bien diría de Oriente Próximo. Esta receta es una variación del *manakish*, una masa plegable cubierta con diferentes cosas como zatar, queso, carne o *kishik* y es famosa en Palestina, Líbano, Siria y Jordania. Quemé muchos platos mientras intentaba cocinar, pero aprendí con la ayuda de mi hermana mayor y de gente del campo del Líbano con experiencia en cocina. Cuando fui a la universidad en el Líbano, me apunté a optativas de cocina, arte y gestión de costes para tener más habilidades prácticas y no solo un título.

Cocinar es disfrutar, la comida es amor. La cocina es un lugar para aprender en profundidad sobre mi cultura y para encontrar conexiones con otras culturas de mi alrededor. A veces, me resulta interesante abrir un debate sobre las raíces de algunos platos de la historia.

En el campo del Líbano, junto a un grupo de artistas, fundé la Agencia Espacial Palestina. Era una agencia virtual que hacía una declaración política sobre la libertad de movimiento de los palestinos: «Cuando no tienes adónde ir, vete al espacio». Recibimos muchos currículums y correos electrónicos de personas que pensaban que de verdad éramos una agencia espacial. Por eso, me convertí en la persona de contacto del Space Generation Advisory Council. Incluso creamos platos árabes que se podían comer en el espacio.

Cuando tenía 17 años, también creé un espacio de estudio creativo en el campo. Al principio era sobre música, pero luego pasé al cine experimental. En Eleonas, dirijo talleres de cine para enseñar a otros residentes a hacer cortometrajes. Me encanta Atenas. Siento como si ya conociera la ciudad de antes, de alguna manera he estado perdida hasta llegar al lugar donde puedo empezar a construir mi vida y/o encontrarme a mí misma.

INGREDIENTES

500 g de harina blanca
7 g de levadura
1 c. c. de levadura química
1 c. c. de sal
250 ml de leche
250 ml de agua
5 gotas de extracto de vainilla
125 ml de aceite de oliva
1 huevo mediano
30 g de nigella sativa (o comino negro)
450 g de queso salado (como akawi o feta)
2 c. s. de tomillo fresco
2 c. s. de orégano fresco
2 c. s. de albahaca fresca
3 c. s. de aceite de oliva

PASOS

1 Mezcla la harina, la levadura, la levadura química y la sal en un bol grande. Añade el aceite de oliva, la leche y el extracto de vainilla. Agrega gradualmente el agua, mezclando bien para formar una masa blanda.

2 Vuelca la masa sobre una superficie de trabajo enharinada y amasa unos 5 minutos, hasta que quede uniforme y elástica. Pásala a un recipiente limpio y déjala reposar unas 3 horas o hasta que duplique su tamaño.

3 Parte el queso en trozos pequeños con un tenedor. Añade las hierbas frescas y el aceite de oliva.

4 Precalienta el horno a 180 °C. Forma la masa en bolitas. Introduce una cantidad generosa de la mezcla de queso en el centro de cada bolita. Pellizca la masa para sellar el queso y colócala en una bandeja de horno.

5 Bate ligeramente un huevo y usa un pincel para pintar cada bola. Espolvorea la nigella sativa sobre las bolas. Deja que reposen 5-10 minutos. Cuécelas en el horno unos 20-30 minutos, hasta que se doren.

FATIR NAAN

MINA
AFGANISTÁN

PERSONAS 4

PREP. 1 H

COCCIÓN 30 MIN

Cuando era pequeña, solía disfrutar viendo cocinar a las mujeres de mi familia y mi suegra me enseñó a hacerlo. Siempre me ha encantado. Para mí es una forma de mostrar amor. Por eso, cuando una persona viene a mi casa, me gusta cocinar para ella.

Al principio, la situación en mi país era buena, pero, cuando llegaron los talibanes, todo cambió para mal. Había mucha violencia. A las mujeres no se les permitía trabajar o salir solas. Por eso nos fuimos del país. Intentamos cruzar a Turquía 3 veces, pero nos deportaron.

Llegamos a Grecia en barco. En el viaje, conocimos a una familia que tenía una hija de la misma edad que la mía. Después de llegar a Quíos, mi familia pasó algunos días en un campo hasta que se mudó a Atenas y Eleonas. Una noche, nos fuimos a dormir y una nueva familia fue trasladada a la siguiente habitación de nuestro contenedor. ¡Por la mañana descubrimos que era la familia del barco! Es agradable. Es como si los conociéramos desde el principio, como vidas paralelas.

Me gusta nuestra vida en el campo, sobre todo por mi hija, que ahora tiene muchos amigos, pero en el futuro quiero ir a Alemania para que mi hija pequeña pueda ir al colegio, podamos aprender el idioma y cocinar durante toda nuestra vida.

INGREDIENTES

175 g de harina común
250 ml de leche
125 ml de aceite
1 c. s. de levadura
1/2 c. s. de sal

PASOS

1 En un bol, mezcla los ingredientes secos (harina, levadura y sal). Haz un volcán y vierte la mitad del aceite y de la leche en el centro.

2 Comienza a incorporar el líquido y a amasar la mezcla. Añade el resto de la leche y el aceite poco a poco para formar una masa uniforme. Pasa la masa a una superficie enharinada y amásala, añadiendo más leche o harina si es necesario. La masa debe quedar blanda, pero no pegajosa.

3 Deja reposar la masa durante 30 minutos o 1 hora (hasta que duplique su tamaño). Precalienta el horno a 240 °C. Extiende la masa en una sola pieza redonda, de unos 2 cm de grosor. Colócala en una bandeja de horno ligeramente engrasada.

4 Hornéala durante 30 minutos o hasta que se dore.

aves

POLLO BIRIYANI

KANWAL
PAKISTÁN

PERSONAS 8

PREP. 30 MIN

COCCIÓN 1 H

Cuando tenía 13 años, mi madre me enseñó a cocinar. Disfruto cocinando porque me gusta comer y quiero probar cosas nuevas. Cocinar es muy necesario porque, si no lo haces bien, tu marido puede pegarte y tus suegros se enfadan.

Mi vida en Pakistán era maravillosa. Teníamos mucho dinero, un negocio, una casa, de todo. Echo en falta mi dormitorio. Vinimos a Grecia porque somos chiitas. Sipah-e-Sahaba (un grupo que trabaja con Al Qaeda en Afganistán) amenazó a mi marido. En 2012 quemaron su tienda de ropa.

Viajamos de Pakistán a Irán y luego fuimos andando de Irán a Turquía. Estaba embarazada cuando nos fuimos. Los kurdos nos secuestraron en las montañas de la frontera y nos robaron dinero y joyas. Estuvimos 5 días sin comer. Pensé que mi hija había muerto y tuve que comprobar si respiraba. Le dimos de comer nieve derretida. Las dos primeras veces que intentamos cruzar a Turquía, la policía nos detuvo y nos deportó. Después de eso, conocimos a hombre que nos dijo que podíamos quedarnos en su casa. Nos dio techo y comida. Cuando nos despertamos, volvió con un cuchillo y dijo que nos cortaría la garganta si no le dábamos todo. Le dimos el dinero, los móviles y las joyas que nos quedaban, pero dijo que necesitaba más. Nos pusimos en contacto con mi madre y nos envió más. Fue entonces cuando, por fin, nos liberó.

Después de cruzar la frontera, tomamos un barco que iba a Lesbos. Mi hija Abiha estaba deshidratada, así que pasamos 5 o 6 días en el hospital antes de mudarnos a Atenas. La vida aquí no es mejor que en Pakistán, pero está bien y, al menos, estamos a salvo.

INGREDIENTES

1,5 kg de arroz basmati
4-5 cebollas medianas en rodajas
4-5 tomates en dados
1,5 kg de pechuga de pollo
2 c. c. de pasta de ajo
2 c. c. de pasta de jengibre
350 ml de aceite
50 g de la mezcla de especias Masaledar Sindhi Biryani Masala*
3-4 c. s. de yogur natural
Opcional: ½ c. s. de colorante alimentario amarillo
Salsa de yogur opcional:
1 vasito de yogur
12-13 hojas de menta
8 guindillas verdes, sin semillas y cortadas en dados
1/2 c. c. de sal

**Ver página 96*

PASOS

1 Lava el arroz y cuécelo hasta que esté hecho (unos 12 minutos). En una sartén aparte, fríe las cebollas en el aceite hasta que estén ligeramente doradas. Añade el pollo cortado en dados y fríelo 10 minutos.

2 Añade la mezcla de especias. Cuando chisporroteen, incorpora las pastas de ajo y de jengibre. Remuévelo todo con el pollo, las especias y las cebollas hasta que suelten su aroma. Agrega el yogur, mezcla todo y deja que se haga 5 minutos más. Añade los tomates y continúa cocinando todo hasta que estos estén blandos.

3 En una olla, coloca en capas el arroz cocido y la mezcla del pollo hasta que se acaben (3 o 4 capas de cada uno). Tapa la olla y cocínalo todo a fuego lento 5-10 minutos. *Si quieres, ahora puedes añadir el colorante alimentario.* Antes de servir, mezcla el arroz y el pollo.

4 Para preparar la salsa opcional:
Pon la menta y las guindillas en una batidora o procesador de alimentos y tritúralos finos. Mézclalos con el yogur y la sal.

Se sirve con yogur, mango en escabeche y/o la salsa opcional.

MAQLUBA

ZARIFA
SIRIA (KURDO)

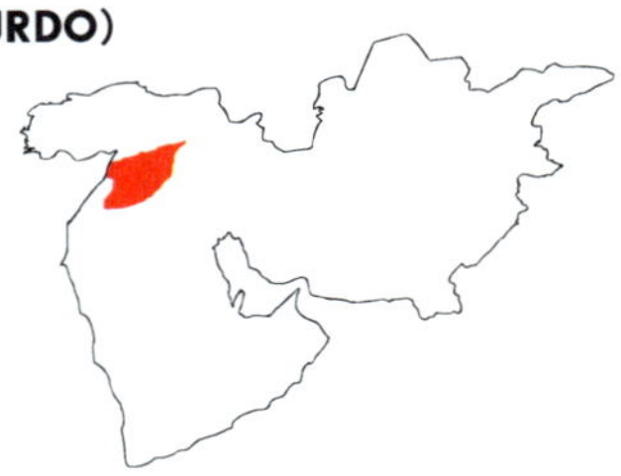

PERSONAS 8

PREP. 30 MIN

COCCIÓN 45 MIN

Mi madre me enseñó a cocinar cuando tenía 17 años. El primer plato que aprendí a preparar fue pollo con verduras. Somos kurdos y en nuestra ciudad, Alepo, se habla mucho de comida. Mientras desayunamos, estamos pensando en la comida y en la cena.

Mi vida en Alepo era muy cómoda, mi marido tenía una fábrica de ropa y no nos faltaba nada. Mientras mi marido trabajaba, yo cuidaba de nuestros 3 hijos. Todo era perfecto antes de que empezara la guerra; luego, lo perdimos todo. Tuvimos que dejar Siria y acabamos yendo en barco a Quíos, una isla de Grecia. Vivimos en una tienda de campaña durante más de un año. La vida en ese campo era como la vida en Siria durante la guerra. De vez en cuando, los grupos neonazis atacaban el campo con cócteles molotov.

Ahora estamos en Atenas, en el campo Eleonas. La vida en Grecia es dura porque no hay trabajo ni oportunidades. Queremos ir a algún lugar, a cualquier parte de Europa donde podamos trabajar y ganarnos la vida. Solo queremos un buen futuro para nuestros hijos, un lugar donde puedan crecer sanos y salvos.

INGREDIENTES

175 g de arroz basmati
1 kg de pechuga de pollo
3 patatas medianas
3 berenjenas
1 cebolla
2 pastillas de caldo de pollo
nueces
aceite de oliva
aceite de girasol
1 c. c. de mantequilla
sal
pimienta

PASOS

1 Pela la cebolla y ponla en una sartén con el pollo y la sal. Cúbrelos con agua y cuécelos durante unos 30 minutos. Retira el pollo y déjalo enfriar antes de quitarle la piel. Córtalo en trozos del tamaño de un bocado.

2 Pela y corta las patatas y las berenjenas en rodajas. Fríelas en abundante aceite de girasol. En una olla, derrite la mantequilla con el aceite de oliva a alta temperatura, baja el fuego y añade el pollo. Pon encima las rodajas de patata y berenjena.

3 Añade el arroz (lavado) como última capa y espolvorea sal, pimienta y las pastillas de caldo (desmenuzadas) por encima. Echa 1,5 litros de agua caliente en la olla y pon el fuego a temperatura media. No lo remuevas. Cuando el agua se haya evaporado, el plato estará listo, unos 25-30 minutos.

4 En una sartén aparte, fríe las nueces en un poco de aceite de oliva. Para servir, vuelca el contenido de la sartén en un plato. En árabe, *maqluba* es el acto de dar la vuelta, que es de donde proviene el nombre del plato. Echa las nueces por encima para decorar.

NATJI

SÉKOU
MALÍ

PERSONAS 8

PREP. 15 MIN

COCCIÓN 50 MIN

Aprendí a cocinar en casa viendo cómo cocinaban mis padres. Para mí, la comida es una forma de compartir. Nunca cocinas para ti; siempre lo haces para los demás, para la familia y los amigos.

En Malí, las cosas iban bien, pero venir a Europa era una buena forma de mejorar mi situación, encontrar trabajo y tener una vida mejor. Para venir a Grecia tuve que ir primero a Turquía, de ahí a las islas y luego a Atenas, donde llevo viviendo más de 2 años. En Grecia mi vida es buena. Paso tiempo con mis amigos, veo películas y juego al fútbol todas las tardes. Pero mi vida en Malí era mejor. No conocía a nadie que hubiera estado en Europa. Me lo imaginaba de otra forma.

Me gustaría encontrar trabajo. En Grecia es muy difícil y más aún para nosotros, debido al idioma. Me encantaría poder estudiar, trabajar y formar una familia.

INGREDIENTES

1/2 pollo (cortes a elegir)
6 cebollas picadas finas
4 dientes de ajo picados finos
4 tomates grandes picados finos
4 pimientos (verdes preferiblemente) picados finos
4 patatas medianas en dados
4 pastillas de caldo de pollo
250 ml de aceite
2 c. c. de sal
2 c. c. de pimienta negra
1 1/2 c. c. de chile picante en polvo

PASOS

1 Pica finamente las cebollas, los tomates y los pimientos. Pela y corta las patatas en dados. En una olla, empieza a freír las cebollas, los tomates y los pimientos en aceite, a fuego fuerte. Remueve bien y tápalos. Déjalos cocer unos 8 minutos. Añade 1 litro de agua, la sal y las pastillas de caldo. Remuévelo bien. Añade las patatas y deja que cuezan 10 minutos más.

2 Lava el pollo. Añádelo a la olla y cocínalo 5-10 minutos. Agrega la pimienta negra y el ajo. Remueve bien y déjalo reposar de 5 a 10 minutos. Prueba y corrígelo de sal si es necesario.

3 Cuando las patatas estén bien cocidas, retira la mitad y aplástalas. Pon el puré de patatas de nuevo en la olla y remueve. Deja que repose 5 minutos y añade el chile picante en polvo.

4 Por último, baja la temperatura al mínimo durante unos 5 minutos antes de apagar el fuego por completo.

Se sirve con arroz.

POLLO KABSA

NOMBRE OMITIDO
SIRIA

PERSONAS 6 | **PREP.** 30 MIN | **COCCIÓN** 2 H

Mi hermana es muy buena cocinera. Me enseñó a hacer *kabsa*. Tiene 5 años más que yo. Cuando aprendí, tenía 30 años y estudiaba informática en la universidad; antes de eso, no me gustaba cocinar. Tengo 3 hermanos y 5 hermanas, así que siempre les pedía a ellas o a mi madre que cocinaran. No quería cocinar, pero ahora me gusta. La comida de Siria es muy buena. Se cocina con una sonrisa de oreja a oreja. Cuando cocino pienso en Siria. A los sirios les gusta la buena comida.

Cuando cocinas, debes llevar un hijab para que no caigan pelos en la comida. Mi marido y mis hermanos se enfadarían si eso pasase.
Llegué a Atenas hace más de un año. Después de salir de Siria, estuve 2 años en Estambul; un año con mi marido y mis hijas y el otro sola con ellas. Él se fue a Alemania. Estuve 20 días en Quíos con mis hijos antes de llegar a Atenas. En Quíos había muchos problemas. Algunos afganos mataron a 2 iraquíes, un hombre y una mujer, así que mi marido pagó un barco para que nos fuésemos a Atenas.

Atenas es una ciudad muy bonita, pero no tan buena como Alemania. Allí hay más ayudas. Pero aquí se está bien, no es como en Turquía, donde no te ayudan nada. Mi marido tiene pasaporte en Alemania y vive allí. Me preocupa que encuentre otra mujer.

INGREDIENTES

1,5 kg de pollo crudo
5 granos de cardamomo
4-5 hojas de laurel
1 cebolla roja en cuartos
500 g de arroz basmati
2 cebollas rojas picadas finas
8 guindillas verdes pequeñas, sin semillas y cortadas en trozos finos
4 tomates picados finos
2 c. s. de chile en polvo
2 c. s. de sal (una para el arroz mientras se remoja, otra para la salsa con pollo)
1/2 c. s. de pimienta negra
1/2 c. s. de Biharat*
3 c. s. de aceite de girasol

Opcional para servir:
ensalada (lechuga, pepino, tomate, cebolla)
yogur
pan de pita

****Ver página 96***

PASOS

1 Limpia el pollo y sepáralo en piezas grandes (muslos, alitas, pechugas, etc). Toma una cebolla y hazle 4 cortes, pero manteniéndola entera. Llena una cacerola con agua y sal, y llévala a ebullición. Añade las hojas de laurel, los granos de cardamomo, la cebolla y el pollo.

Después de 40-50 minutos, retira la grasa, tápalo y prosigue la cocción 20-40 minutos. El tiempo total debe ser de 1,5 horas si está congelado o 1 hora si es fresco. Después de la cocción, retira la cebolla y remuévelo.

2 Mientras el pollo se está cocinando:
Añade el arroz y la sal a 1,8 litros de agua y déjalo en remojo 30 minutos. Calienta el aceite en una sartén antiadherente a fuego medio/alto. Saltea la cebolla, añade las guindillas y los tomates hasta que estén blandos.

3 Añade las verduras salteadas, la sal, el chile en polvo, la pimienta negra y el Biharat directamente a la olla del pollo y remueve.
Lava el arroz 2-3 veces hasta que el agua salga clara y escúrrelo.
Retira los trozos de pollo (estarán listos para servir) de la salsa y añade el arroz escurrido a la olla. Apaga el fuego y deja que el arroz se haga en la salsa 10-12 minutos, usando una tapa y un paño de cocina para retener el calor.

Se sirve con ensalada, yogur natural y/o pan de pita.

GORASA BEDAMA

WALID
SUDÁN

PERSONAS
4

PREP.
1 H

COCCIÓN
30 MIN

Aprendí a cocinar hace 10 años, cuando tenía 18. Un día, mi madre me enseñó y ese fue el principio de todo. Después, aprendí por mi cuenta.

Mi vida en Sudán era normal. Estudié ingeniería. Tuve algunos problemas con el Gobierno y me fui para tener una vida mejor. A los 26 años, fui a Turquía y allí conocí a mi mujer, que es de Siria. Ahora tenemos 2 hijos. De Turquía fuimos a la isla de Samos y allí tuvimos a nuestro primer hijo. El segundo nació cuando vivíamos en el campo de Eleonas.

La vida en Grecia es difícil. Sigo intentando estudiar a pesar de que no hay trabajo. Es muy difícil avanzar cuando no hay opciones, pero lo intentamos. Me gustaría aprender aún más sobre informática e ingeniería mecánica.

Quiero mudarme a Alemania o al Reino Unido con mi mujer e hijos. En esos países puedo aprender, mejorar mis conocimientos y dar a mi familia un buen entorno para vivir.

INGREDIENTES

60 ml de aceite vegetal
4 cebollas pequeñas en dados
1/2 kg de pollo en dados (cortes a elegir)
1 c. c. de comino molido
1 c. c. de cilantro molido
1/4 c. c. de canela
4-5 c. s. de pasta de tomate
1/4 c. s. de sal
5 dientes de ajo machacados
Opcional: 1-2 guindillas verdes pequeñas picadas finas

Pan
750 g de harina
1/2 c. c. de levadura
1/4 c. c. de sal

PASOS

1 En una cacerola grande, calienta el aceite y fríe las cebollas hasta que se doren. Añade el pollo y suficiente agua para cubrirlo. Llévalo a ebullición y añade el comino, el cilantro, la canela, la pasta de tomate, la sal y las guindillas. Tápalo y déjalo cocer durante unos 20 minutos.

2 Mientras tanto, comienza a preparar el pan. Pon la harina, la levadura, la sal y unos 500 ml de agua en un bol grande. Mézclalo con las manos y deja reposar la masa en el bol para que suba. Si tienes tiempo, deja reposar la masa durante 1 hora. Si no, 20 minutos también está bien.

3 Con una espumadera, retira el pollo y las cebollas de la salsa y colócalos en un plato para servir. Añade el ajo a la salsa que quede en la sartén y remueve. Rehógalo a fuego lento 10 minutos. Para hacer el pan, calienta una sartén con un poco de aceite y vierte suficiente masa para hacer una capa de 0,5 cm. Fríelo durante 1-2 minutos por cada lado. Repite estos pasos hasta que hayas hecho todo el pan.

4 Servir en 3 capas:
Capa inferior: pan untado con salsa.
Capa media: pan cubierto de pollo y cebollas especiados.
Capa superior: pan.

Se come con las manos, usando el pan a modo de cubierto para tomar salsa y carne en cada bocado. Se sirve con una ensalada.

QABELEY

MOHAMMAD
AFGANISTÁN

PERSONAS 7

PREP. 20 MIN

COCCIÓN 1,5 H

Me gusta cocinar de todo: galletas, yogur, verduras encurtidas... ¡Una vez hice el mejor kebab del mundo! Lo que más me gusta es cocinar para otras personas y preparar comida para fiestas. Mi mujer también es muy buena cocinera, ¡pero creo que yo soy mejor! Me encanta cocinar. Cuando preparo un plato, quiero que la gente venga, disfrute y coma. Cocinar solo para mí no es lo mismo. El *qabeley* es un plato tradicional de Afganistán, pero también es conocido en otros lugares, como en Uzbekistán. Compro los ingredientes en el bazar cada fin de semana.

Nadie me enseñó a cocinar, aprendí yo solo. Me fui de casa cuando tenía 13 años, estuve en Pakistán durante un mes y, luego, en Irán. Me quedé allí 29 años y tuve un gran supermercado 24 horas, que aún sigue allí. Cuando tenía 18 años, me casé con una chica afgana y ahora tenemos 4 hijos, 2 niñas y 2 niños, que viven en Alemania con mi mujer.

Mis padres eran agricultores y se quedaron en Afganistán. Cuando era niño tuve un problema con mi tío, lo que hizo que temiera por mi vida, así que hui. Fui a ver a nuestra familia en Pakistán, pero mi tío le contó a alguien lo de nuestra disputa y amenazó con matarme. Soy el mayor de 6 hermanos y 5 hermanas. De joven trabajé como granjero y en los pozos. Cuando me fui de casa, a los 13 años, fue cuando empecé a cocinar.

INGREDIENTES

3 muslos de pollo grandes, cortados en mitades o tercios
3 cebollas blancas ralladas
4 dientes de ajo rallados
1 c. c. de pimienta molida
1 c. c. de cúrcuma
1½ kg de arroz basmati
6 zanahorias medianas
125 g de pasas
125 ml de aceite de girasol
sal

PASOS

1 Pon el pollo en una cacerola, cúbrela con agua y llévala a ebullición. Añade la cebolla, el ajo, la pimienta, la cúrcuma y 1 cucharada de sal. Reduce el fuego y deja que cuezan unos 30 minutos, removiendo de vez en cuando para que no se peguen. Mientras tanto, lava el arroz en agua tibia y escúrrelo. Coloca el arroz en un recipiente y añade 2 cucharaditas de sal y una tetera llena de agua hirviendo. Resérvalo.

2 Prepara las zanahorias lavándolas y cortándolas en tiras cortas y finas. Pon las pasas en un bol con agua para remojarlas.

3 Cuando el pollo esté cocido, convierte las cebollas y el ajo casi en un puré, aplastándolos en la salsa hasta que ya no se distingan. Te quedarás con una especie de salsa. Añade 1/2 taza de aceite y remueve. Saca la carne y la salsa de la cacerola y resérvalas en una fuente.

4 En una sartén grande, añade 1/4 de taza de aceite y, una vez caliente, agrega las zanahorias y 1 cucharada de sal. Fríelas durante 20 minutos, removiendo regularmente. Escurre el arroz y añádelo a la sartén, seguido de las pasas y una taza de agua.

5 Por último, añade el pollo y la salsa al arroz y las zanahorias junto con 1/4 de taza de agua. Pruébalo y echa más sal si es necesario. Tapa la sartén y déjalo cocer 30-45 minutos, a fuego medio. No lo remuevas.

Se sirve con yogur, verduras encurtidas y pan.

ZERESHK POLO MORGH

FARAH
IRÁN

PERSONAS 4

PREP. 15 MIN

COCCIÓN 1 H

Aprendí a cocinar en casa, en Teherán, a los 12 años. Mi madre me enseñó. Trabajaba en una tienda, así que tenía que hacer la comida cuando ella no estaba. El primer plato que aprendí fue *baghi palou* con cebolla y pollo, que se come con arroz. Me casé a los 16 años, así que me vino bien saber cocinar. Ahora cocino todos los días. A veces uso un libro de recetas, pero, sobre todo, lo hago de memoria.

En Irán, mi marido era técnico de teléfonos móviles y yo trabajaba en una guardería. ¡Me encantan los bebés! No quería irme, pero tuve que hacerlo porque mi hijo y mi marido corrían peligro. Fuimos en autobús de Teherán a Turquía; nos llevó 2 días y hacía mucho calor. Desde Esmirna, fuimos en barco a Lesbos, Grecia. Éramos 70 personas dentro de un pequeño contenedor, todas juntas, tan apretadas que no podíamos respirar ni movernos. Tardamos 5 horas en cruzar y teníamos mucho miedo. Cuando por fin llegamos, tenía la espalda tan mal (por estar en el contenedor en mala postura) que no pude caminar durante 2 o 3 días. La policía griega tuvo que llevarme en silla de ruedas.

En Grecia, tenemos carné de identidad y pasaporte griegos. El problema es que aún no tenemos trabajo. No hay suficientes ayudas para que nos vayamos del campo. Me gustaría vivir en un buen barrio de Atenas. Me encantaría ser peluquera o abrir un restaurante, pero, por culpa de mis problemas de espalda, no puedo caminar mucho. Si estuviera sana y salva, haría grandes cosas. Me encanta cocinar. ¿Cuál es mi comida favorita? ¡El chocolate negro!

INGREDIENTES

2 cebollas medianas picadas finas
4 muslos de pollo
1 c. c. de cúrcuma
2 c. s. pasta de tomate
1 kg de arroz basmati
60 g de agracejos (o bayas de Goji)
1 c. c. de azafrán
aceite de oliva
pimienta
sal
azúcar

PASOS

1 Sofríe las cebollas en aceite de oliva a fuego medio. Cuando estén doradas, añade el pollo y séllalo bien. Cuando la piel del pollo esté dorada, añade la pimienta, la sal y la cúrcuma. Remueve y añade la pasta de tomate. Remueve de nuevo y vierte 2 tazas de agua. El pollo debería estar listo cuando el agua se haya evaporado, si no, añade más agua y sigue cocinándolo.

2 Pon el arroz en una sartén, añade 1 cucharadita de sal y cúbrelo con agua (el nivel de agua debe estar 1 cm por encima del arroz). Llévalo a ebullición. Después de 10 minutos, remueve, añade 4 cucharadas de aceite y mantenlo tapado (usa un paño de cocina y una tapa) hasta que haya absorbido toda el agua.

3 Coloca un cubito de hielo en un bol pequeño y añade las hebras de azafrán. Cuando el hielo se haya derretido, el agua habrá adquirido el color y el sabor del azafrán.
En una sartén pequeña, calienta 1 cucharada de aceite y añade los agracejos (lavados) y 1 cucharadita de azúcar. Fríelos 1-2 minutos, retíralos del fuego y añade el agua con sabor a azafrán.

El pollo y el arroz se sirven con los zereshk (agracejos) encima.

carnes

MNAZLIT AL-BATINJAN

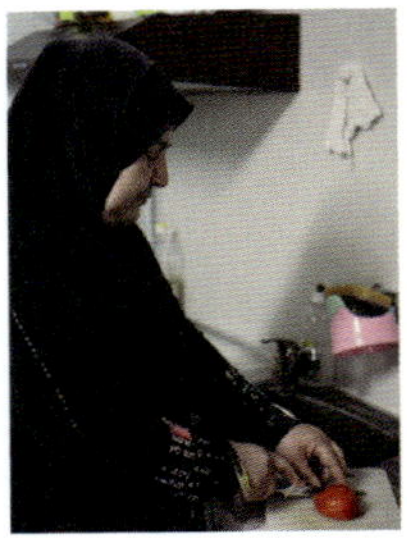

HANA
SIRIA

PERSONAS 4

PREP. 20 MIN

COCCIÓN 25 MIN

Aprendí a cocinar cuando tenía 17 años. La mayoría de las niñas de Siria comienzan a los 10. Toda mi familia cocina bien. Cuando no sé qué cocinar, llamo a mis hermanos. Esta receta es importante porque es muy antigua, pero sigue siendo la misma. Hay dos razones principales por las que es importante: la preservación del patrimonio y la salud de mis hijos.

Mi vida en Siria era perfecta porque, antes de casarme, mis padres hicieron de todo por mí. Cuando me casé, mi marido era muy controlador. No me dejaba trabajar. Justo antes de irme a Grecia, nuestra familia tenía muchos problemas. Me fui con mis hijos para buscar una vida mejor. Estuve en Irak durante un tiempo antes de ir a Turquía. En Irak, vi morir gente. Pasamos un mes en Turquía, luego fuimos en barco a Quíos y nos quedamos allí durante 4 meses. La prima de mi madre tenía un amigo con familia en Eleonas, Atenas, así que vinimos a quedarnos con ellos. Al principio estaba lleno de gente, así que nos quedamos en el contenedor con otros miembros de la familia.

Mi vida aquí no es muy buena. Estoy sola con mis hijos. Tengo diabetes, la tensión alta y problemas de disco en la espalda. Desde que llegué aquí, mis niveles de azúcar a veces superan los 400 mg/dl, así que tengo que ir al hospital con frecuencia. Me imagino volviendo a Siria, pero sé que no puedo. Vine a Europa por mis hijos. Éramos ricos en Siria, no vinimos por dinero, sino por paz. Espero poder irme con mis hermanos a Alemania. Quiero que mis hijos hagan lo que quieran, pero primero deben estudiar y los animo a hacer lo que les gusta, como el teatro.

INGREDIENTES

2 berenjenas cortadas por la mitad
2 c. s. de aceite vegetal
225 g de passata de tomate
125 g de mozzarella rallada
1 cebolla picada fina
250 g de carne de ternera picada
4 c. s. de perejil recién picado

PASOS

1 Precalienta el horno a 200 °C. Calienta el aceite en una sartén antiadherente grande a fuego medio/alto. Fríe las mitades de berenjena por ambos lados hasta que estén blandas. Retíralas del fuego. Con una cuchara, presiona el centro de cada mitad para crear un espacio que rellenarás después con la mezcla de carne picada.

2 En una sartén aparte, sofríe la cebolla, la carne picada y el perejil hasta que estén hechos.

3 Echa el passata de tomate en una bandeja de horno grande. Coloca las mitades de las berenjenas en el plato y llena cada mitad de berenjena con la mezcla de carne picada. Espolvorea generosamente la mozzarella por encima.

4 Hornea las berenjenas durante unos 10 minutos o hasta que el queso se derrita.

Se sirven con el arroz que más te guste, ensalada y/o yogur natural.

ACHAR GOSHT

TAHIRA
PAKISTÁN

PERSONAS 6

PREP. 30 MIN

COCCIÓN 45 MIN

Soy de Karachi, la ciudad más poblada de Pakistán. Llevo en Eleonas desde julio de 2017 con mi marido y mi hijo de 11 años. Tengo otro hijo de 13 que vive en un campo de refugiados en París. Nos gustaría poder estar juntos en un futuro próximo.

En mi país era una mujer culta y con estudios. Estudié economía y luego hice un máster. Tenía un puesto privilegiado. Mi marido tenía una tienda. En Pakistán no cocinaba, no tenía tiempo. Aprendí por el camino, sobre todo aquí en Grecia. Tuve que hacerlo para alimentar a mi familia. Antes trabajaba en un banco y ahora vendo comida en el campo. Es una forma de ganar algo más de dinero cada mes.

Tuvimos que huir porque Pakistán es un país muy corrupto donde no se puede prosperar. Amo mi país, pero allí no teníamos futuro. Mis padres son afganos, así que también hablo farsi, además de urdu.

En el futuro, quiero que mi familia esté unida y que tenga la libertad de viajar por Europa.

INGREDIENTES

50 g de mezcla de especias Achar Gosht*
1 kg de carne de ternera (o de pollo/cordero si prefieres) en dados
200 g de yogur natural
2 cebollas medianas en rodajas
1 c. s. de pimentón
1 c. s. de cúrcuma
5-6 tomates medianos, pelados y cortados en cubitos
6 dientes de ajo machacados
5 g de jengibre fresco, pelado y picado fino
8-10 guindillas verdes pequeñas picadas finas
1-2 c. s. de zumo de limón
perejil
aceite
sal

**Ver página 96*

PASOS

1 Muele todas las especias de la mezcla de especias Achar Gosht juntas, usando un pilón y un mortero si es posible. Marina la carne con el yogur y la mitad de las especias durante unos 30 minutos.

2 Calienta una cantidad generosa de aceite en una sartén y añade la cebolla, el pimentón, la cúrcuma y la sal. Mientras las cebollas y las especias se fríen, tritura los tomates con 100 ml de agua. Añade el ajo y el jengibre y tritura de nuevo.

3 Cuando la cebolla esté lista (después de unos 15 minutos), añade el resto de la mezcla de especias y la mezcla de tomate. Remueve bien y sofríelo durante 5 minutos más.

4 Añade la carne, tápala y cuécela durante 20 minutos a fuego medio. Añade las guindillas verdes y el zumo de limón y cuece todo durante 10 minutos más a temperatura baja, con la tapa puesta. Para terminar, espolvorea perejil picado.

Se sirve con una ensalada de verduras frescas en rodajas finas.

LAHMACUN

SARWAT
IRAK

PERSONAS
4

PREP.
50 MIN

COCCIÓN
15 MIN

Aprendí a cocinar en una pizzería de Bagdad. Empecé de lavaplatos. Todos los días iba una hora antes para aprender a cocinar viendo al chef hacer su trabajo. Recuerdo el silencio en la cocina en ese momento, interrumpido por el sonido de los cuchillos cortando los ingredientes. Empecé a preparar mis propios platos y, al final, me convertí en jefe de cocina.

En Irak, el mayor problema son las milicias. Te dicen que son los «verdaderos musulmanes» y hacen un mal uso de la palabra del Islam para convencerte de que luches con ellos. No quería matar o que me mataran, así que me fui.

Mi vida en Europa será muy buena, todo está cambiando. Aquí me siento a salvo. Acabo de conseguir la residencia. Quiero estudiar Arte, quiero dibujar. Para eso tengo que encontrar trabajo, ganarme la vida, porque el arte para mí es amor y el amor no se vende. La habilidad de pintar la obtuve de Dios, nadie me dijo cómo hacerlo y por eso nunca la vendería. Si a alguien le gusta mi arte, se lo regalo.

¿Dónde me gustaría trabajar? En una pizzería, por supuesto, porque cuando hago pizza soy feliz.

INGREDIENTES

400 g (1 lata) de passata de tomate
1 kg de harina blanca
1 kg de carne picada
4 c. s. de aceite vegetal
1 c. s. de aceite de oliva
2 c. c. de sal
1 c. s. de azúcar
1 c. s. de levadura seca
1 ramita de orégano fresco
1 puñado de albahaca fresca picada fina
2 c. s. de hojas de tomillo
1 tallo de apio
1 cebolleta
2 tomates medianos

PASOS

1 Sobre una superficie de trabajo limpia, haz un volcán de harina con un agujero en el centro. Añade en su interior 250 ml de agua, azúcar, sal, aceite vegetal, levadura y mézclalo todo. Amasa la mezcla hasta obtener una masa blanda. Cúbrela con film transparente hasta que esté firme y elástica, unos 40 minutos.

2 Para preparar la salsa, mezcla la passata de tomate, el orégano, la albahaca, el tomillo, la sal, el azúcar y el aceite de oliva en un bol. Para preparar el relleno de carne, pon el aceite y la sal en una sartén y sofríe parcialmente la carne picada a fuego medio.

3 Precalienta el horno a 240 °C. Extiende la masa sobre una superficie enharinada. Dale la forma y el tamaño que más te guste, pero mantén un grosor de ½ cm. Extiende una capa de salsa sobre la base y cúbrela con la carne picada.

4 Introduce la masa en el horno hasta que se dore, unos 15 minutos.

Se sirve con el apio, la cebolla y el tomate picados y esparcidos por encima.

KOTLET

LEILA
IRÁN

PERSONAS 4

PREP. 25 MIN

COCCIÓN 25 MIN

Aprendí a cocinar un poco con mi madre. Pero fue cuando era estudiante, ya que vivía lejos de mi familia, cuando aprendí de verdad. También aprendí mucho de mi suegra. Conocí a Ali cuando era estudiante, hace 6 años. Fue en casa de unos amigos y, durante los siguientes 4 años, seguimos siendo amigos en secreto, porque es difícil estar con un hombre en Irán, a no ser que estéis casados. A menudo, cuando cocinaba, le pedía ayuda a su madre. Él y su madre están muy unidos y, a veces, si yo tenía un problema con Ali y no nos hablábamos, su madre me ayudaba. Nos hicimos buenas amigas y nos íbamos juntas por ahí. A menudo la llamaba cuando cocinaba.

En Irán, estábamos comprometidos, pero tuvimos que irnos antes de poder casarnos. Eso le sentó muy mal a mi padre y estuvo mucho tiempo sin hablarme. A principios de año, fuimos a visitar a la madre de Ali y a la mía a Georgia por el cumpleaños de Ali y ¡nos habían preparado una boda sorpresa!

Como no hay una «guerra» en Irán, no se ve como un país peligroso. Los que estamos aquí tenemos problemas más serios con el Gobierno. Irán es un país islámico con reglas especiales, como exigir a las mujeres que lleven el hijab, permitir solo ciertos tipos de música, de trabajo, etc. En Irán no se puede decir nada. Debes acatar las normas. No quieren que el mundo conozca la situación real. Es como Estados Unidos: en la televisión todo parece perfecto y bonito, pero, en realidad, no es así. Por eso creo que Estados Unidos e Irán no son tan diferentes.

Tampoco estamos seguros en Grecia; no podemos decir lo que pensamos por miedo a que hagan daño a nuestras familias, que todavía viven en Irán.

INGREDIENTES

3 patatas medianas
1 cebolla roja
200 g de carne picada de ternera
2 huevos medianos
2 c. s. de harina blanca
1 c. s. de pimienta negra molida
1 c. s. de cúrcuma
1 c. s. de sal
aceite de girasol
1 limón
2 o 3 tomates (opcional)

PASOS

1 Pela y lava las patatas. Rállalas finas con el agujero más pequeño del rallador. Pela y ralla la cebolla con el agujero mediano. Pon la cebolla rallada y la patata en un recipiente grande y agrega todos los ingredientes menos el aceite. Mézclalo bien con las manos. Deja que la mezcla repose durante 5-10 minutos para que los sabores marinen la carne.

2 Enciende la placa a fuego medio-alto. Coloca la sartén sobre el fuego y añade suficiente aceite para cubrir la sartén. Deja que se caliente mientras la mezcla está marinando. El aceite debe estar muy caliente cuando empieces a freír.

3 Toma la mezcla con las manos y haz bolitas. Aplástalas en forma de hamburguesas con la palma de la mano. Colócalas (tantas como puedas) en la sartén. Deberían chisporrotear inmediatamente.

4 Fríe los *kotlets* durante unos 5-7 minutos (dándoles la vuelta de vez en cuando) hasta que se doren por ambos lados. Retíralos del fuego. Para acompañar el plato, puedes cortar tomates en rodajas gruesas y freírlos en el mismo aceite que el *kotlet*.

Las hamburguesas se sirven con el tomate frito y rodajas de limón, y se comen con pan, arroz o patatas fritas.

AUSHAK

ADELE
AFGANISTÁN

PERSONAS 6

PREP. 45 MIN

COCCIÓN 30 MIN

Cuando era niña, solía ver a mi madre cocinar y, mientras, me enseñaba. Al principio, aprendí a hacer huevos, patatas, etc. Para mí, cocinar es muy importante porque es una herramienta para la vida. Me siento orgullosa de preparar platos que luego mis invitados podrán disfrutar.

En Afganistán, tenía una vida normal. El único problema era que mi marido era policía. Por eso, solían amenazarnos por teléfono, diciendo que nos matarían a mí y a mi familia. Los talibanes mataron a mi suegro y dispararon a mi marido en la pierna solo por su trabajo y porque estudió en Rusia. Por eso decidimos ir a Irán y, después de 10 años allí, tuvimos que mudarnos a Europa porque la vida en Irán tampoco era fácil.

De Irán, fuimos a la frontera de Turquía y caminamos por las montañas durante 10 horas bajo la nieve. Después, fuimos a Estambul en autobús y estuvimos 15 días, nos trasladamos a Esmirna y, luego, fuimos 3 horas en barco con otras cien personas. Llegamos a Quíos y, menos de una semana después, nos mudamos a Atenas. Vivimos (los 5) en una tienda de campaña en el puerto durante 3 meses y luego nos trasladaron a Eleonas.

Mi vida en Atenas está bien, pero aquí no tenemos futuro porque no hay trabajo y muchos griegos que tienen que dormir en la calle. Solo quiero una vida y un trabajo normal, no necesitamos mucho dinero. Solo queremos una vida sana y tener papeles para que nos traten de forma normal y poder estudiar y trabajar como el resto de los ciudadanos. Además, me gustaría tener una casa donde recibir a mis invitados y prepararles algo delicioso.

INGREDIENTES

2 kg de harina blanca
3 kg de puerros
1 kg de yogur natural
1 diente de ajo machacado
3 cebollas grandes picadas finas
500 g de cordero picado
2 c. c. de cúrcuma
1 guindilla verde mediana picada fina
4 tomates medianos picados finos
2 c. s. de puré de tomate
170 g de guisantes congelados
400 ml de aceite vegetal
sal
1/2 c. c. de pimienta

PASOS

1 La masa: pon la harina en un bol y añade 1 cucharadita de sal. Vierte gradualmente 450 ml de agua, amasando hasta que tenga una consistencia fina, pero no pegajosa. Extiende la masa a 3 mm de grosor. Corta la masa en círculos con un vaso de vidrio y déjala reposar.

2 Relleno de puerros: lava los puerros y pícalos finos. Añade 2 cucharadas de aceite en una sartén y fríe los puerros con 1 cucharadita de sal.
Yogur: mezcla el yogur, el ajo y 1/2 cucharadita de sal en un bol.
Carne picada: sofríe la cebolla hasta que se dore. Añade la carne, la cúrcuma, la guindilla, los tomates, el puré de tomate y remueve. Añade 300 ml de agua y llévalo a ebullición. Cuécelo a fuego lento 10 minutos.
Guisantes: en otra cacerola, hierve agua, cuece los guisantes congelados 5 minutos y escúrrelos. Añade los guisantes a la carne picada y mézclalo.

3 Aushaks: llena una olla con agua, añade 2 cucharaditas de sal y llévala a ebullición. Toma 1 cucharada del relleno y ponla en un círculo de masa. Humedece los bordes de la masa con agua y dobla el círculo de masa por la mitad, presionando los bordes. Repite estos pasos hasta que se acaben el relleno y la masa. Cuando el agua hierva, introduce los *aushaks* en la olla. Puedes cocinar unos 30 *aushaks* a la vez. Después de unos 2 minutos empezarán a subir y bajar. Espera 2 minutos más y retíralos.

Se sirven en una fuente. Se pone una base de yogur, se colocan encima y se cubren con la carne y la salsa de guisantes.

pescados y mariscos

MFUMBWA Y PESCADO

LYDIE
R. D. DEL CONGO

PERSONAS 6

PREP. 10 MIN

COCCIÓN 25 MIN

Cuando tenía 15 años, mi madre me empezó a enseñar a cocinar. Cada año, se celebra un carnaval en el Congo y aprendí para esa fiesta. Para nosotros, la cocina es una forma de reunir a la familia, sobre todo en las grandes celebraciones.

En el Congo estaba casada, pero después mi vida se volvió muy difícil. Mi marido desapareció y las cosas empeoraron.

Una noche, estaba durmiendo en casa y unas personas vinieron y llamaron a la puerta. Me preguntaron dónde estaba mi marido. Como no estaba, empezaron a pedirme dinero. No quería darles nada y comenzaron a pegarme. Sacaron un cuchillo y me cortaron la cara, bajo el ojo izquierdo. Una amiga me llevó al hospital. Tuve que abandonar el país. La misma amiga me ayudó a salir del país y a ir a Turquía.

En Grecia, las cosas están bien. Tenemos que establecernos aquí y ver qué nos depara el futuro a mí y a mi bebé Benjamin.

INGREDIENTES

250 g de mfumbwa (hojas verdes comestibles, encontradas de forma silvestre en los bosques de toda el África tropical. Se pueden sustituir por espinacas)
300 g de mantequilla de cacahuete crujiente
300 g de pescado blanco
1 cebolla blanca
3-5 cebolletas
2 guindillas verdes pequeñas
2 c. s. de puré de tomate
175 ml de aceite de palma
1/2 pastilla de caldo
1 c. c. de nuez moscada
2 dientes de ajo
1 c. c. de sal

PASOS

1 Lava la *mfumbwa* en agua caliente y escúrrela.

2 Corta el pescado blanco en trozos pequeños y añade la cebolla, las guindillas verdes, las cebolletas y el ajo picados finos.

3 A esta mezcla se le añade la *mfumbwa*, el puré de tomate, la mantequilla de cacahuete, el aceite de palma, la pastilla de caldo y la sal. Añade 750 ml de agua.

4 Cocina la mezcla a fuego fuerte y remueve sin parar durante 25 minutos, o hasta que la mayor parte del agua se haya evaporado.

Se sirve con pan.

BIRYANI DE GAMBAS

ARIF
PAKISTÁN

PERSONAS 4

PREP. 15 MIN

COCCIÓN 30 MIN

Soy de una tribu fronteriza de la ciudad de Karachi. Estuve viviendo 4 años en el Reino Unido. Cocinaba en un restaurante indio. Cuando cocino, me encanta fusionar el estilo de comida pakistaní e indio.

Me deportaron del Reino Unido a Pakistán. No podía vivir en Pakistán. La vida es muy difícil allí. Uno solo puede tener una buena vida si tiene dinero o poder. Mi vida se volvió aún más dura después de casarme. Tuve graves problemas con la familia de mi mujer. Decidí irme con ella y mis 4 hijos a Europa.

La vida en Grecia es buena pero, como mi mujer está en Suiza, me resulta un poco difícil porque tengo que criar a mis hijos solo y no estaba preparado para eso.

Haré todo lo posible para asegurarme de que mis hijos tengan oportunidades y una educación correcta. Ellos son mi futuro.

INGREDIENTES

30 g de jengibre rallado
1 diente de ajo machacado
1 guindilla verde picada fina
175 g de yogur natural
2 patatas medianas en dados
1 cebolla mediana picada fina
2 tomates en dados
25-30 gambas peladas
1 c. s. de Garam Masala*
250 g de arroz basmati
aceite de oliva
sal
cilantro fresco

**Ver página 96*

PASOS

1 Para preparar la salsa, mezcla el jengibre, el ajo, la guindilla, 1 cucharada de aceite y la sal. Incorpora el yogur y remueve hasta que se mezclen. Refrigérala.

2 En una cacerola, pon a hervir un poco de agua y echa las patatas. Cuécelas hasta que se ablanden y escúrrelas.

3 En una sartén a fuego fuerte, dora la cebolla en 2 cucharadas de aceite hasta que se ablande. Añade los tomates, las gambas y el Garam Masala y fríelos durante 10 minutos más hasta que las gambas estén hechas.

4 Añade las patatas cocidas y mézclalo todo suavemente con la salsa de yogur. Baja el fuego. Mientras tanto, hierve el arroz y sazona con sal. Para terminar, mezcla el arroz con las gambas y las patatas.

Se sirve con cilantro fresco picado.

platos vegetarianos

UGALI CON SALSA

VINCENT
UGANDA

PERSONAS
4

PREP.
10 MIN

COCCIÓN
25 MIN

Mi madre me enseñó a cocinar. Tengo 2 hermanas y 2 hermanos. Mi hermana se casó, así que tuve que ayudarle a cocinar cuando yo tenía 16 años. Me encanta cocinar porque lo hago con tanto amor que después disfruto mucho comiendo. La gente no se esfuerza mucho, pero yo sí, y lo noto en el sabor.

Mi vida en Uganda era muy buena pero, por un problema grave, tuve que irme. Quería quedarme, pero no podía.
Para escapar fui a Sudán y luego a Turquía y, desde allí, fui en barco a Samos, Grecia. Había 12 personas en el barco y no sabíamos cómo manejarlo. Afortunadamente, Dios nos ayudó a encontrar el camino. Creo firmemente que al final todo irá bien.
La vida en Grecia está bien. En todas partes hay gente buena y gente mala, pero aquí se está bien. Levanto pesas y disfruto haciéndolo, además, voy a clase a estudiar griego y música clásica. Estudié música durante 4 años.

Me quedaré aquí en Grecia porque no tengo otra opción y porque es el plan de Dios. En el futuro, me encantaría hablar griego con fluidez para poder centrarme en obtener un título en contabilidad. También me gustaría encontrar una mujer y tener otro hijo. Tengo una hija en Uganda que se quedó con su madre. Estoy muy orgulloso de ella; tiene 16 años y es la primera de su clase.

INGREDIENTES

Para la salsa:
200 g de alubias rojas
1/2 cebolla picada
1 tomate mediano cortado en dados
1 pastilla de caldo de verduras
1 c. s. de aceite
1 c. c. de sal

Para el ugali :
500 g de harina de maíz
600 ml de agua

PASOS

1 La salsa: en una olla, echa las alubias rojas y cúbrelas con agua. Llévalas a ebullición y cuécelas hasta que estén blandas. Escúrrelas, reservando un vaso del agua, ahora aromatizada.

2 Fríe la cebolla a fuego fuerte hasta que se ablande y añade el tomate. Una vez blandos, aplasta los tomates hasta obtener una consistencia similar a la de una salsa. Añade las alubias cocidas, la pastilla de caldo, la sal y el agua con sabor a alubias. Remueve y cuece a fuego alto de 5 a 10 minutos.

3 El *ugali*: lleva a ebullición el agua y añade despacio la harina de maíz. Remueve la mezcla constantemente durante unos 10 minutos. La consistencia debe ser firme pero esponjosa. Añade más agua o harina de maíz según sea necesario.

4 El *ugali* se sirve en un plato con la salsa de alubias encima.

El ugali se puede comer frío (mezclado con yogur) o caliente (con la salsa de alubias).

BANYAN BORANI

MOHAMMAD
AFGANISTÁN

PERSONAS 4

PREP. 30 MIN

COCCIÓN 45 MIN

Aprendí a cocinar yo solo. Empecé cuando mi padre murió y mi madre se casó con otro hombre. Yo era joven, pero aprendí a hacerme la comida. Tuve que practicar mucho. Cocinar significa dos cosas para mí: responsabilidad y relajación. En Afganistán, mi vida era muy buena. Hacía un poco de todo, no tenía un trabajo concreto, era un manitas. Dejé Afganistán, me fui a Irán y luego a Turquía. Fui a Lesbos en barco y después a Atenas. En total necesité 2 meses para ir desde Irán hasta Atenas. Viví en Irán durante unos 6 o 7 años antes de marcharme.

Gracias a Dios tengo en Grecia una vida relajada, normal y sin problemas. Aquí me siento a salvo.

Quiero estudiar y formarme para encontrar mi camino y resolver mis problemas. Quiero que todos mis hijos sean como los voluntarios y que opten por ayudar a las personas tal y como son. No busco ganar dinero, solo quiero que mis hijos se conviertan en buenas personas y ayuden a los más necesitados. Espero que no sean como yo, que no pude estudiar; quiero que sean buenos. Quiero que tengan una mente abierta y sean valientes.

INGREDIENTES

2 kg de berenjena en rodajas
1 kg de tomates en dados
1 pimiento morrón verde picado
2 cebollas dulces picadas finas
1 c. c. de sal
1 c. s. de comino
1 c. s. de pimienta negra
aceite de girasol
yogur natural, para servir

PASOS

1 Corta las berenjenas en rodajas de 2 cm. Espolvorea abundante sal por encima, deja que escurran el agua durante media hora y sécalas.

2 Mientras, mezcla los tomates picados y el pimiento verde en un bol. Añade la sal, el comino y la pimienta negra. En una sartén, fríe las cebollas en 1 cucharada de aceite hasta que estén doradas y agrega la mezcla de tomate y pimiento.

3 En una sartén aparte, fríe las rodajas de berenjena en aceite por ambos lados hasta que estén doradas. Retíralas después de unos 10 minutos. En una bandeja de horno, coloca primero las berenjenas y después la mezcla de tomate por encima.

4 Hornéalas a 180 °C durante 20 minutos.

Se sirve sobre una base de yogur.

LAHORI CHIKAR CHOLAY

SHAMAN
PAKISTÁN

PERSONAS 6

PREP. 3 H

COCCIÓN 2 H

Mi marido me enseñó a cocinar. Es importante para la salud, une a la familia y nos mantiene sanos. Nos unimos a través de la cocina y la comida.

Mi vida en Pakistán era buena. El único problema era la lucha entre chiitas y sunitas. Atacaron a mi marido. Cuando salimos de Pakistán, fuimos a Irán en avión. Luego tuvimos que conducir durante 13 horas y caminar durante 15 horas a través de las montañas para llegar a Turquía. Nos quedamos 5 noches en una casa. Por la noche, subimos a un barco para cruzar el mar Mediterráneo hasta Kos, una isla de Grecia. Desde Kos, fuimos en ferry a Atenas.

Mi vida en Atenas es buena. Aquí no hay conflictos entre chiitas y sunitas. Pero, aunque sea buena, todavía no tengo papeles, así que no puedo trabajar. No puedo moverme de un país a otro y es posible que tenga que quedarme en Atenas.

Mis hijos están aquí conmigo. Van al colegio y aprenden muchos idiomas, como griego e inglés. Conseguirán un trabajo y algún día se casarán y tendrán hijos.

INGREDIENTES

500 g de garbanzos
1 c. c. de levadura química
2 cebollas medianas
1 c. s. de semillas de comino
2 c. s. de jengibre fresco
2 dientes de ajo machacados
4 guindillas verdes
1 c. s. de cúrcuma en polvo
1 1/2 c. s. de sal china
1 1/2 c. s. de pimienta negra
1 c. c. de clavo
1 c. c. de semillas de cilantro
1/2 c. s. de canela
1/2 c. s. de hinojo en polvo
250 ml de aceite de girasol
cilantro fresco y pan de pita, para servir

PASOS

1 Elaboración: cuece a fuego lento los garbanzos con la levadura química durante 2-3 horas.

2 Muele las semillas de comino y cilantro con los clavos utilizando un pilón y un mortero. Por otro lado, pica la cebolla, el ajo, el jengibre y las guindillas verdes. Añade las especias molidas y la cúrcuma y mezcla todo bien.

3 Añade a esta mezcla la sal china, la pimienta negra, la canela y el hinojo en polvo junto con el aceite de girasol.

4 Cuando los garbanzos estén casi cocidos, añade la mezcla de especias y cuece todo durante 15 minutos más a fuego medio. Añade sal al gusto.

Se sirve en boles con cilantro picado y pan de pita.

JEZ-MEZ

ALYA
SIRIA

PERSONAS 4

PREP. 10 MIN

COCCIÓN 20 MIN

Me casé a los 15 años. Tuve que aprender a cocinar con mi madre y mi suegra. La primera vez que lo intenté, hice judías y se me quemaron, pero con el tiempo aprendí. Como en cualquier país árabe, en Siria vivimos para comer.

En Siria, era peluquera y maquilladora. Lo tenía todo, pero, debido a las bombas, la guerra y las muertes, me fui. Hui por mis hijos; no quería que les pasara nada. Nos fuimos de Turquía a Quíos y de allí a Atenas en septiembre de 2017.

En Quíos, nuestra vida era muy mala. En Eleonas, al principio, participaba en todas las actividades, pero ahora paso más tiempo sola. Voy a clase de inglés y cuido de mis hijos. Mi marido desapareció hace 5 años y ya no supe nada más de él, ni si está vivo o muerto. No voy a esperarle. Si se ha ido, habrá una razón.

No sé en qué país terminaré, pero mi sueño es tener una peluquería. ¿Volveré a casarme? No lo sé. Si apareciera alguien especial, sí, me casaría de nuevo.

INGREDIENTES

2 cebollas rojas
6-5 tomates
7 huevos medianos
sal
aceite de girasol

PASOS

1 Pica finos las cebollas y los tomates. Cuécelos en una cacerola a fuego fuerte hasta que estén blandos y hayan sacado su jugo. Añade un poco de sal y apártalos del fuego.

2 Bate los huevos con un poco de sal. Coloca una sartén a fuego fuerte y añade suficiente aceite para llenar la sartén. Espera hasta que el aceite esté muy caliente. Añade los huevos y revuélvelos rápidamente con una cuchara de madera. Una vez revueltos, apártalos del fuego.

3 Vuelve a poner los tomates a fuego medio y añade los huevos. Una vez calientes, apártalos del fuego.

4 Para obtener más sabor, puedes espolvorear especias por encima, como garam masala, pimienta de Jamaica o pimentón, y mezclar antes de servir.

Se sirve con pan.

MSA'A

HOUDA
SIRIA

PERSONAS 6

PREP. 15 MIN

COCCIÓN 20 MIN

Aprendí a cocinar con mi madre y mi abuela. Tengo mucha suerte de que mi madre esté aquí en Grecia conmigo. También estoy con mi marido y mis 2 hijos.

Para mí, cocinar es muy importante. Lo que he aprendido es una herencia, un conocimiento que se transmite de mujer a mujer. En Afrin (Kurdistán), seguimos haciendo recetas del pasado, de nuestras abuelas y más allá. Se puede decir que es historia, como en un museo. Cuando cocino, me siento libre. Pongo toda mi energía, me concentro completamente y me lo paso muy bien.

Mis compañeros de contenedor y yo hicimos el mismo viaje a Grecia. Después de salir de Siria, nos encontramos en el barco que nos llevaba de Turquía a Lesbos. Desde entonces, hemos estado juntos en las islas y en Atenas. Junto a ellos y otras familias que vienen de Afrin, hemos formado una nueva familia. Llegamos a Eleonas en octubre de 2017.

No quiero vivir en Grecia, quiero irme a Alemania lo antes posible para tener un futuro tranquilo con mejores condiciones para todos.

INGREDIENTES

1 kg de berenjenas
1,5 kg de tomates
1 cebolla grande en rodajas
1 diente de ajo en láminas
1 c. s. de pimentón
1 c. s. de semillas de cilantro molidas
aceite de girasol
aceite de oliva
sal
1 c. c. de pimienta
1 limón
perejil

PASOS

1. Pela y limpia las berenjenas. Córtalas primero por la mitad y después en rodajas. Fríelas en una cantidad generosa de aceite de girasol.

2. En una sartén grande, añade media taza de aceite de oliva a fuego medio. Cuando el aceite esté caliente, añade la cebolla. Cuando la cebolla esté casi hecha, añade el ajo y un poco de sal.

3. Después de unos 5 minutos, cuando el ajo y la cebolla estén dorados, añade los tomates, el pimentón y la pimienta.

4. Cuando el jugo/agua del tomate se haya evaporado, añade la berenjena, sazona con sal y sofríela a fuego fuerte durante 5-7 minutos.

Se sirve con limón y perejil picado.

BOLANI KACHALOO Y GANDANA

AMIR
AFGANISTÁN

PERSONAS
8

PREP.
30 MIN

COCCIÓN
10 MIN

Aprendí a cocinar en el campo porque mi mujer era quien se encargaba de hacerlo y ahora está en Alemania con mi hijo pequeño. La primera vez que cociné, la comida no estaba muy buena, pero la segunda me pareció perfecta. Lo que más me gusta cocinar y comer es arroz. Creo que cocinar es importante porque significa mantener a tu familia y a tu ciudad. La cocina es importante para la cultura de Afganistán. Significa perdón y paz en tiempos difíciles. También es una herramienta de unidad para las familias.

Soy de la ciudad de Mazar-e Sarif, en Afganistán. Me encanta la cultura de Mazar-e Sarif por su larga historia. Una de las cosas por las que somos conocidos es por cuidar de las ovejas, grandes y pequeñas; las vigilamos, cuidamos y vendemos. Eso es lo que yo también hacía. En casa vivía con mi madre y mi padre. Pasé mucho tiempo con ellos y ahora los echo de menos. Quiero volver a ver a mis padres y a mi ciudad algún día.

Fui de Turquía a Lesbos en barco, el viaje duró 2 o 3 horas y era muy peligroso. Había 80 o 90 personas amontonadas en un pequeño bote. La vida en Grecia no es mala, pero yo no quiero estar aquí. No me gusta que mi familia no esté conmigo. En Afganistán hacía un poco de todo. Estoy dispuesto a hacer cualquier cosa. Me gustaría ser jardinero y plantar árboles y plantas. Pero, sobre todo, me gustaría tener un túnel de lavado de coches, como en Afganistán.

INGREDIENTES

425 g de harina blanca
1 c. c. de sal
1 c. c. de aceite de oliva

500 g de patatas
1/2 taza de cilantro fresco picado fino
4 cebolletas picadas finas
75 ml de aceite de oliva
1 1/2 c. c. de sal
1 c. c. de pimienta negra

PASOS

1 En un recipiente grande, mezcla la harina y la sal. Añade lentamente 250 ml de agua y una cucharadita de aceite hasta que la masa sea uniforme y elástica. Amásala durante 10-15 minutos. Reserva la masa en un bol y cúbrela con un paño durante 1 hora.

2 Hierve las patatas hasta que estén blandas. Retíralas del agua y quítales la piel. Coloca las patatas cocidas en un bol y mézclalas con el cilantro, las cebolletas, el aceite, la sal y la pimienta negra. Tritura las patatas y mézclalas con las manos.

3 Coge una bolita de masa y aplánala (debe ajustarse al tamaño de la sartén). Distribuye uniformemente unas 4 cucharadas de la mezcla de patatas sobre la masa. Dobla la masa por la mitad, presionando los bordes.

4 Vierte aceite en una sartén a fuego medio. Coloca el *bolani* en la sartén y fríelo hasta que esté ligeramente dorado por ambos lados, dándole la vuelta de vez en cuando. Repite estos pasos hasta que termines la mezcla.

ASH-E RESHTEH

SARA
AFGANISTÁN

PERSONAS
6

PREP.
10 H

COCCIÓN
2 H

Este plato se llama Ash-e. No creo que sea de un país en concreto, pero se convirtió en un plato afgano o iraní. Aprendí a cocinar porque no tenía a nadie que lo hiciera por mí. Cocinar, o la comida en general, significa mucho para mi cultura y lo valoramos mucho. Creo que tenemos una de las mejores cocinas del mundo. Mi vida era muy complicada en Afganistán porque allí no estaba a salvo. Me sentía como en casa y ningún lugar puede significar para mí lo mismo que Afganistán. Siempre hay que echar de menos algo, por ejemplo, aquí en Grecia estoy a salvo, pero no me siento como en casa.

Comenzamos nuestro viaje yendo a Irán y luego a Turquía. Fuimos en barco a Grecia, a la isla de Lesbos, y, finalmente, de Lesbos a Atenas.
Mi vida en Grecia está bien, pero como ya llevo aquí mucho tiempo, estoy muy cansada del sistema del país. Todo cuesta una eternidad y eso complica las cosas.

No sé qué me deparará el futuro porque, como refugiada, mi vida no está muy clara. Sin embargo, como entiendo perfectamente cómo se sienten, algún día quiero trabajar con refugiados o inmigrantes *(¡Sara está ahora en Alemania con su familia!)*.

INGREDIENTES

60 g de garbanzos secos
60 g de alubias rojas secas
250 g de espaguetis/ linguine
2 cebollas grandes picadas finas
6 dientes de ajo picados finos
1 c. s. de menta seca
3 c. s. de aceite de oliva
sal
pimienta
yogur, para servir

PASOS

1 Coloca los garbanzos y las alubias rojas en un recipiente grande y cúbrelos con agua. Déjalos en remojo durante toda la noche (al menos 8 horas). Escúrrelos y desecha el agua.

2 Pon los garbanzos y las alubias en una olla grande, cúbrelos con agua y llévalos a ebullición. Baja el fuego y cuécelos hasta que alcancen la ternura deseada, durante 1 1/2-2 horas.

3 Rompe los espaguetis en tercios. En agua ligeramente salada, hierve los espaguetis hasta que estén tiernos y escúrrelos.

4 Mientras los espaguetis se cuecen, calienta el aceite de oliva en una olla y agrega las cebollas. Sofríelas, removiendo, hasta que estén translúcidas, unos 5 minutos. Añade el ajo y sofríelo un minuto más. Agrega los garbanzos, las alubias rojas y los espaguetis. Sazona con sal, pimienta y menta seca.

Se sirve con yogur.

SOPA DE LENTEJAS

HASSAN
SIRIA

PERSONAS 4

PREP. 15 MIN

COCCIÓN 30 MIN

Nací en Siria. Aprendí a cocinar con mi madre, con mi prometida, con YouTube y de mis errores. Viví solo durante 8 años, así que tenía que hacerme la comida. Cocinar es un arte que me gusta. Damasco, la ciudad de la que procedo, es famosa por el helado *bakdash*. En Siria, la cocina une a la familia. A veces, hasta 50 miembros de la familia y amigos se reúnen para comer.

Salí de Siria con ayuda de unos contrabandistas. Tuve que atravesar 9 países por tierra para llegar a Grecia. Ya han pasado 8 años desde que dejé Siria. No me mudé a Europa porque quisiera hacerlo. Tenía que mudarme, no había otra opción. Prefiero estar en una Siria pacífica que en Europa. Aquí no tengo familia y eso marca la diferencia. Si estuvieran aquí conmigo, sería feliz. La decisión final depende de Dios. Creo en Él.

Algún día me gustaría volver a Turquía. Viví allí durante 2 años y aprendí turco. Me gustó estar allí.
Soy mecánico y me gustaría abrir un taller en el futuro.

INGREDIENTES

2 cebollas picadas finas
300 g de lentejas pequeñas rojas/pardinas (precocidas)
175 g de arroz de grano corto
1 pastilla de caldo de pollo (para una versión vegetariana, sustitúyela por caldo de verduras)
3 c. s. de aceite
sal y pimienta
1 limón
pan de pita

Opcional:
1/2 c. c. de comino
1/2 c. c. de cúrcuma

PASOS

1 Calienta el aceite en una olla y añade las cebollas picadas finas.

2 Cuando las cebollas estén translúcidas, añade la pastilla de caldo, el arroz y las lentejas. Vierte 1 litro de agua y deja que hiervan.

3 Asegúrate de seguir removiendo para que el arroz y las lentejas no se peguen al fondo de la sartén.

4 Cuando el arroz y las lentejas estén casi cocidos, sazona con sal y pimienta (y las especias opcionales) al gusto.

Se sirve en tazones con rodajas de limón y pan de pita a un lado.

postres y bebidas

SOLEH ZARD

RANA
AFGANISTÁN

PERSONAS 6

PREP. 10 MIN

COCCIÓN 40 MIN

Nací en Afganistán. Aprendí a cocinar con mi madre cuando tenía 12 años. Solía mirar cómo cocinaba y así aprendí. Nunca le pregunté cómo hacerlo, solo la miraba. La primera comida que preparé fue estofado con patatas y lo hice como sorpresa. Era para 7 personas y les encantó. La comida que preparamos es muy importante para nosotros; la hacemos para ocasiones importantes como el Ramadán y el Muhárram.

Mi vida en Afganistán era muy buena, pero tuvimos que escapar de la guerra, de los talibanes. Perdí 3 hermanos a causa de la guerra. Uno era médico y, cuando estaba en un avión de camino a ayudar a unas personas, dispararon al avión. Mi otro hermano estaba enfermo y, como los talibanes habían bloqueado la entrada de medicamentos y médicos, murió con solo 9 años. El más pequeño tenía 2 años y medio, y le dispararon.

Nos fuimos a Irán con mi padre, sus 2 mujeres y el resto de mis hermanos (6 chicos y 1 chica). Viví allí durante 24 años, me casé y tuve 4 hijos. Tuvimos que irnos porque mi marido no tenía papeles y, si el Gobierno se hubiera enterado, lo habría deportado a Afganistán. Mi marido está en Austria y estamos pidiendo la reunificación familiar para vivir todos juntos allí.

Mi vida en Grecia es normal. Hago las tareas de la casa, cocino y cuido de mis hijos. En el campo participo en las actividades de Project Elea, sobre todo en el grupo de mujeres. Me gusta, me permite tener tiempo para mí. Mi sueño es volver a estar con mi familia.

INGREDIENTES

200 g de arroz
1 c. c. de hebras de azafrán
270 g de azúcar
1 c. c. de cardamomo en polvo
1 pizca de canela molida

PASOS

1 Introduce el arroz en un bol y cúbrelo con agua. Deja que repose 5 horas para que se ablande.

2 Mezcla las hebras de azafrán con una cucharadita de azúcar y, con el dorso de una cuchara, aplástalos. Coloca la mezcla en una tacita, añade 80 ml de agua y cúbrela.

3 Echa agua en una olla y llévala a ebullición. Escurre el arroz, añádelo a la olla y remuévelo constantemente a fuego medio. Una forma de saber si necesitas continuar removiendo es si el arroz se hunde. Después de 10 minutos, añade 200 g de azúcar. Cuécelo a fuego lento 15 minutos más, removiendo de vez en cuando, y añade el cardamomo en polvo.

4 Sigue removiendo hasta que la mayor parte del agua se haya evaporado y añade 70 g de azúcar. El arroz debe estar muy blando y los granos fáciles de aplastar. Si es necesario, añade más agua y continúa cociéndolo durante más tiempo.

5 Pasados 20 minutos, cuando el arroz esté listo, añade el líquido del azafrán y sigue removiendo durante otros 5 minutos. Vierte una pequeña cantidad de líquido sobre el arroz para mantener la humedad. Adórnalo con canela y sírvelo.

TURTA

NAZANIN
IRAK (KURDA)

PERSONAS 8

PREP. 30 MIN

COCCIÓN 0 MIN

Me encantan los dulces, prepararlos y comerlos. He ido aprendiendo a lo largo de los años con mi hermana, mis amigos y en el colegio. Ahora que soy mayor, me gusta ver programas de cocina y hacer las recetas para mis amigos y familiares. Para mí, cocinar es mostrar amor, es compartir. En Irak, preparamos platos dulces para las personas a las que más queremos. Allí, mi vida era muy buena, muy buena hasta que empezó todo lo malo.

Era profesora de Biología y perdí mi trabajo. Todo es guerra. Todo el mundo está luchando. Para llegar a Atenas, primero fuimos en un pequeño barco a Samos, donde la situación era horrible. Dormimos en tiendas de campaña completamente mojadas. Después, fuimos a Atenas en un gran barco. Nuestra vida no es buena. Vivimos en un contenedor que es imposible mantener limpio. Es muy húmedo y, por eso, siempre está lleno de mosquitos. En el campo, lo único bueno son los voluntarios. En Atenas, el principal problema es que no hay trabajo y que no todos los griegos nos quieren aquí.

En el futuro, quiero irme a Alemania con mi marido y mis 2 hijos. Mi hija tiene un problema en un ojo y podría quedarse ciega si no la operan. Llevamos casi 2 años esperando a que un médico la opere en Atenas. Sabemos que en Alemania la salud es una prioridad y por eso nos encantaría mudarnos allí. Mi marido solía vivir en Alemania, habla muy bien alemán y tendrá posibilidades de encontrar trabajo.

INGREDIENTES

600 ml de leche
3 c. s. de harina
2 c. s. de azúcar
500 g de galletas de té rectangulares
500 g de almendras
2 c. s. de cacao en polvo
2 plátanos maduros
250 g de nata

PASOS

1 Mezcla la leche, la harina y el azúcar en un bol hasta que estén cremosos.

2 Coloca una capa de galletas de té en una bandeja de horno para formar la base del pastel. Esparce la mezcla de leche sobre la base de galleta.

3 Añade una capa de almendras (enteras o ralladas) y un plátano en rodajas. Mezcla el cacao en polvo con la nata y esparce una capa sobre las almendras y el plátano.

4 Para la capa final, añade el plátano y las almendras restantes. Enfríalo y ya estará listo para comer.

BAKA

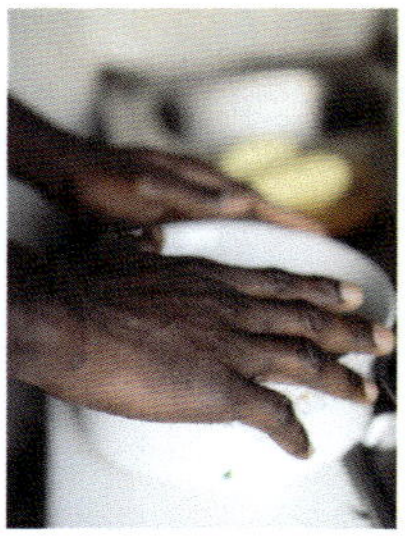

MALIK
COSTA DE MARFIL

PERSONAS 4

PREP. 5 MIN

COCCIÓN 10 MIN

No me gustaba cocinar. En mi país, mi mujer me hacía la comida, pero, cuando llegué a Grecia, tuve que aprender y hacérmela yo. Ahora sé cocinar diferentes platos de África. Allí, solíamos reunirnos alrededor de la comida y celebrar.

En Costa de Marfil, estaba casado, tenía un coche y dinero. Solía trabajar para la ONU, pero tuve mis razones para marcharme. Prefiero no contarlas. Tuve que perderlo todo para venir aquí. Para eso, estuve en Turquía durante 5 meses y después vine a Grecia.

Mi vida en Grecia es difícil, pero gracias a Dios estoy bien.

Mi sueño es traer a mi familia aquí, son lo más importante para mí. También, encontrar un buen trabajo y tener una vida mejor.

INGREDIENTES

400 g de mijo
1 lata de leche condensada (400 g)
1 c. c. de sal
3 c. c. de azúcar

PASOS

1 Pon el mijo y la sal en una olla y cúbrelos con agua. Llévalo a ebullición y cuécelo durante 8 minutos mientras lo remueves.

2 Añade el azúcar y baja el fuego a temperatura media mientras sigues removiendo.

3 Cuando el mijo esté completamente blando (unos 2 minutos), baja un poco el fuego y añade la leche.

4 Remueve bien, pruébalo y añade más azúcar si lo deseas.

GOSH-E-FEEL

FARAHNAZ
AFGANISTÁN

PERSONAS 12

PREP. 2,5 H

COCCIÓN 20 MIN

Aprendí a cocinar con mi madre, al igual que mi madre aprendió con mi abuela. Ahora, mis hijas pequeñas (12, 11 y 7 años) no quieren saber nada de la cocina. Solo la mayor, que está en Alemania, quiso seguir las tradiciones y aprendió conmigo.
Cuando cocino, me siento libre. Mi marido era muy sociable, así que solíamos tener invitados todos los días. A veces, yo sola me encargaba de preparar la comida para 60 personas. En Afganistán, cocinar es una forma de socializar. ¡Por eso hay más sobrepeso que en Europa!

En mi país, era profesora de educación infantil en un colegio. Trabajaba todos los días menos el viernes. Nuestro viaje para venir comenzó yendo de Afganistán a Turquía y luego cruzando Grecia en camión hasta Macedonia. Allí, la policía nos detuvo y nos deportaron a Salónica, Grecia, donde pasamos 4 días en la cárcel. Desde allí nos llevaron a Eleonas, donde vivimos desde octubre de 2017.

Me gusta Grecia, aunque he tenido malas experiencias con algunas personas que no nos quieren aquí. Todos los días madrugo mucho para ayudar a mis hijas a prepararse para el colegio y, después, voy al campo de fútbol a jugar bádminton o voleibol con mis amigas. Tenemos una entrenadora que dice que soy muy buena, incluso mejor que ella. Por las tardes, voy al grupo de mujeres y estudio inglés hasta la hora de hacer la cena.

En el futuro, me gustaría encontrar trabajo para darles una vida mejor a mis hijas. Si es en Grecia, estaría bien porque les gusta vivir aquí, pero preferiría que fuese fuera del campo. No sé lo que me espera pero, si pudiera elegir, me gustaría trabajar como cocinera o educadora infantil, como en casa.

INGREDIENTES

500 g de harina
1/2 c. c. de cardamomo molido
125 ml de aceite
250 ml de leche
5 huevos medianos

azúcar glas, para decorar

Opcional: pistachos o nueces picados finos

PASOS

1 Mezcla la harina con el cardamomo. Haz un volcán con la harina y añade el aceite en el centro. Mézclalo. Añade la leche y mezcla los ingredientes hasta conseguir una masa que poder trabajar.

2 Amásala hasta que tenga una textura suave y firme (unos 10 minutos). Si la masa está demasiado pegajosa, añade más harina. Cúbrela y déjala reposar 2 horas.

3 Divide la masa en bolitas más pequeñas y utiliza un rodillo para obtener formas planas de 1 mm de grosor aproximadamente.

4 Corta los trozos de masa en forma de rectángulo redondeado. Pellizca uno de los bordes para que se parezca a la forma de una oreja de elefante. En persa, *gosh-e-feel* se traduce como «oreja de elefante».

5 Calienta el aceite en una sartén. Fríe la masa durante 2-3 minutos, girándola de vez en cuando hasta que esté dorada. Elimina el exceso de aceite y espolvorea azúcar glas para decorar.

Se sirven con pistachos o nueces picados finos.

SHIRPERA

SHUKRIA
AFGANISTÁN

PERSONAS 6

PREP. 1,5 H

COCCIÓN 20 MIN

Mi madre me enseñó a cocinar *shirpera*. Es un postre tradicional de Afganistán. Hay muchas maneras diferentes de hacerlo, pero esta es mi favorita.

Soy feliz cuando cocino. Me encanta cocinar para mi familia y mis amigos. Me hace sentir bien.

Nuestra situación en Afganistán era muy mala. Prefiero no pensar ni hablar de ello. Llegamos a Atenas en barco. Aquí todo es mejor.

No sabemos qué va a pasar, no sabemos nada de nuestro futuro, pero sabemos lo que queremos: tener un futuro donde podamos trabajar, donde aprendamos idiomas y donde se nos acepte.

Tenemos la esperanza de que todo salga bien.

INGREDIENTES

250 g de leche en polvo
60 g de nueces machacadas
60 g de almendras machacadas
1 c. c. de cardamomo molido
3-5 gotas de extracto de vainilla
250 ml de agua
200 g de azúcar
2 c. s. de pistachos machacados

PASOS

1 En un bol, mezcla las nueces, las almendras, el cardamomo y la leche en polvo.

2 Pon una sartén a fuego medio y añade el agua y el azúcar. Remueve continuamente hasta que el azúcar se haya disuelto. Cuece la mezcla durante 15 minutos, removiendo de vez en cuando. Apaga el fuego y añade el extracto de vainilla.

3 Añade la leche en polvo y la mezcla de frutos secos a la olla. Mezcla todo hasta que se forme un dulce de azúcar. Rocía un plato con una pequeña cantidad de aceite y vierte la *shirpera* en el plato, aplanándola con una cuchara.

4 Esparce los pistachos y deja que se enfríe durante unos 20 minutos. Por último, refrigérala durante al menos 1 hora. Córtala en trozos y sírvela.

BIZCOCHO MARMOLADO

DONYA
AFGANISTÁN

PERSONAS 12

PREP. 15 MIN

COCCIÓN 30 MIN

Aprendí a cocinar con mi madre. Para mí, cocinar es hacer algo bueno para mi familia y mis amigos. No se trata solo de comida, sino también de amor. Echo de menos mi vida en Irán, pero me fui porque, al ser de Afganistán, no tenía derechos. No nos quieren allí. Yo quería donar sangre y ellos ni siquiera querían nuestra sangre. Me fui por el futuro de mis hijos. Lo que más echo en falta es tener a mi familia toda junta. Echo de menos poder hablar con mi madre. Ella entendió que, para mí, mis hijos eran lo primero. No tuvimos la oportunidad de estudiar y quiero algo diferente para ellos.

Fue un viaje duro a Grecia. Caminamos 18 horas desde Irán a Turquía a través de las montañas. Desde allí, nos fuimos en un barco muy pequeño de Turquía a Grecia. Por suerte, fue una noche tranquila, pero el barco estaba lleno, había 92 personas. No pasó nada malo, pero fue una situación tensa. Nos llevó 45 minutos llegar a Chios. Nos quedamos en la isla 3 o 4 días antes de llegar a Atenas. Lo único bueno de vivir aquí es el sol, eso me gusta.

Ahora, mi familia está en Austria. Quiero que mi hijo vaya al colegio y después a la universidad. Ese es mi sueño.

INGREDIENTES

3 huevos medianos
250 ml de leche
125 ml de aceite
425 g de azúcar
375 g de harina
1 c. s. de vainilla en polvo
1 c. s. de levadura química
7 g de cacao en polvo

PASOS

1 Precalienta el horno a 110 °C. Toma los huevos y separa las claras de las yemas. Bate suavemente las claras de huevo y añade las yemas una a una. Continúa batiendo durante 4-5 minutos. Añade la leche, el aceite y el azúcar.

2 En un recipiente aparte, mezcla la harina, la vainilla en polvo y la levadura química. Mézclalo poco a poco con el huevo/leche. Continúa mezclándolos durante 5-6 minutos hasta que esté suave pero no líquido.

3 Divide la mezcla por la mitad. Engrasa una bandeja de horno y vierte la mitad de la mezcla. Añade el cacao en polvo al resto de la mezcla, remueve bien y viértela encima.

4 Introduce la bandeja en el horno y hornéala durante unos 30 minutos.

ERK-SOUS

MOHAMMAD
SIRIA

PERSONAS 10

PREP. 10 MIN

COCCIÓN 24 H

Había mucha gente que preparaba *erk-sous* a mi alrededor, así que aprendí de ellos. En Siria, tenemos un código que dice que hay dos tipos de personas: las que comen para vivir y las que viven para comer. Para mí, cocinar es algo así como el espíritu de trabajo en equipo, porque mi mujer y mis hijas siempre comparten la cocina conmigo. Nos ayudamos mutuamente.

Soy ingeniero eléctrico, pero antes de venir aquí era profesor de matemáticas e inglés. Antes de la guerra, disfrutaba de la vida con mi familia y amigos. Después de la guerra, solo luchaba para sobrevivir. Estuve 4 años sin ver a mi familia y decidí venir a Grecia. De Siria fui a Turquía y luego cogí un barco a Lesbos y otro a Atenas. Mi familia sigue en Siria. Es muy difícil vivir lejos de ellos.

Aquí tengo una vida de refugiado: vivimos en contenedores en vez de en casas, tenemos compañeros de cuarto en vez de familia, tenemos que buscar organizaciones y abogados en vez de empleados del ministerio para que nos ayuden con nuestros problemas y pasamos el día buscando algo.

La vida en Grecia no es la ideal. Si ya es difícil para los griegos encontrar trabajo, imagínate para nosotros. Pero cuando estás con tu familia, no importa el lugar. Solo quiero estar con ellos. Espero ir a otro país de Europa, a cualquiera, siempre y cuando mi familia venga conmigo.

INGREDIENTES

200 g de raíz de regaliz
1 c. c. de bicarbonato de sodio
pétalos de rosa (de 2 rosas)
azúcar (opcional)

PASOS

1 Tritura la raíz de regaliz.

2 Cuece 10 tazas de agua y añade el bicarbonato de sodio.

3 Apaga el fuego, mezcla la raíz de regaliz con el agua y déjala reposar durante 24 horas.

4 Toma los pétalos de 2 rosas y colócalos en 6 tazas de agua caliente (déjalos hervir, apaga el fuego y tápalos). Déjalos reposar durante 10 minutos. Añade el agua de rosas a la mezcla anterior.

Se sirve frío (con azúcar al gusto).

TÉ A LA MENTA

SALAH
MARRUECOS

PERSONAS
4

PREP.
5 MIN

COCCIÓN
1 H

Soy de Esauira, una pequeña ciudad de Marruecos, y saharaui por cultura y tradición. Somos famosos por nuestro té. Todos los días, nos reunimos al menos una vez para tomar el té y charlar. Poco a poco, la tradición se va perdiendo porque la gente ya no tiene tiempo.

Estudié Derecho en la universidad durante 3 años y fui miembro de muchas asociaciones. Con un grupo político, creamos una petición para exigir un mejor acceso a la educación y a la salud. Recogimos más de un millón de firmas, pero no recibimos respuesta. Una a una, las 23 personas de nuestra oficina fueron arrestadas.

Con otra organización, íbamos a celebrar un evento para dar comida gratis durante el Ramadán, pero el alcalde lo canceló. Al día siguiente, la policía vino a mi casa. Dijeron que habían visto mi publicación en Facebook en la que me quejaba del alcalde, que el rey lo había elegido y que teníamos que respetarlo. Me llevaron a una oficina para interrogarme. Un contacto me dijo que iba a pasar mucho tiempo en la cárcel y me preguntó si tenía suficiente dinero para arreglarlo. Entonces me fui.

La libertad y la educación son necesarias para la vida, no importa dónde estés. La gente se está viendo obligada a huir. Todos los que están aquí en Grecia se vieron obligados; no eran voluntarios ni tuvieron elección. No importa si no te gusta la política o si no te interesa; la política te quiere, vive contigo y te controla.

Me encanta Grecia, pero la política de acogida de refugiados lo hace difícil. Yo creía que Europa respetaba los derechos humanos, pero todo es propaganda. Está dirigida por algunos de los peores criminales del mundo. Venden armas a Oriente Medio. Con una mano hacen la guerra y con la otra nos ayudan.

INGREDIENTES

8 c. s. de té verde chino gunpowder (hojas de té comprimidas y secas)
hojas de menta fresca
1 tetera resistente al fuego

Opcional:
tetera marroquí (berrad)
vasos de té y bandeja para servir

PASOS

1 Echa un vaso de agua en la tetera y añade el té verde. Pon la tetera sobre el fuego a fuego lento. Cuando comience a calentarse, tira el líquido. Así limpiarás las hojas de té. Llena la tetera otra vez con agua y vuelve a ponerla en el fuego. Tradicionalmente, el té se prepara lentamente durante más de una hora, lo que aumenta la profundidad del sabor.

2 Cuando el té esté caliente, pero sin llegar a hervir, añade el manojo de hojas de menta fresca (previamente lavadas). En este momento también se puede añadir azúcar al gusto. Lleva lentamente el té a ebullición. Cuando haya hervido durante unos minutos, estará listo para servir.

3 Una tetera marroquí tiene un colador incorporado que evita que las hojas de té salgan de la tetera. Si tu tetera no tiene, usa un colador.

4 Si utilizas una tetera marroquí, el caño largo y curvado permitirá apuntar de forma precisa al vaso. Tradicionalmente, el té se vierte desde al menos un brazo de distancia por encima de cada vaso. Esto airea el té y crea una bonita espuma en la superficie.

Se sirve con frutos secas, nueces y/o dulces.

MEZCLAS DE ESPECIAS

MASALEDAR SINDHI BIRYANI MASALA
Pollo biryani. Página 28

Mezcla:

1 c. c. de chile rojo en polvo
1 c. c. de sal
2 c. s. de cilantro fresco picado
½ c. c. de polvo de cúrcuma
½ c. c. de canela molida
4-6 ciruelas secas
(previamente remojadas)
2 granos de cardamomo verde
2 granos de cardamomo negro
4 clavos molidos
2 c. c. de comino
1 c. c. de garam masala
pimienta negra

BIHARAT
Pollo kabsa. Página 34

Tuesta los siguientes ingredientes en una sartén a fuego medio hasta que estén ligeramente dorados y desprendan su aroma:

2 c. s. de granos de
pimienta negra
2 c. s. de semillas de comino
1 c. s. de semillas de cilantro
1 c. s. de clavos
½ c. c. de granos de
cardamomo
añade:
1 c. c. de nuez moscada
molida
1 c. c. de canela molida
2 c. s. de pimentón

y muele todos los ingredientes con un mortero.

ACHAR GOSHT
Achar gosht. Página 46

Tritura todos los ingredientes con un mortero:

2.5 c. s. de semillas de
cilantro
2 c. c. de jeera
(semillas de comino)
1 c. c. de shahi jeera
(semillas de comino negro)
2 c. c. de pimienta negra
1 estrella de anís
2 c. s. de ajo machacado
1 c. c. de semillas de mostaza
2 hojas de laurel
2½ cm de canela en rama
2 granos de cardamomo
verde

GARAM MASALA
Biryani de gambas. Página 58

Tuesta los siguientes ingredientes en una sartén a fuego medio hasta que estén ligeramente dorados y desprendan su aroma:

2 c. c. de semillas de comino
1 c. c. de semillas de cilantro
1 c. c. de granos de
cardamomo
1 c. c. de granos de pimienta
negra machacados
1/4 c. c. de clavo
añade:
1/2 c. c. de canela molida
1/4 c. c. de nuez moscada
seca
1/4 c. c. de cúrcuma

y muele todos los ingredientes con un mortero.

ÍNDICE DE RECETAS

Sobre nosotros

Project Elea es un grupo de voluntarios de todo el mundo que se han unido para trabajar en colaboración con los residentes del campo Eleonas, en Atenas, con e objetivo de mejorar el nivel de vida y el bienestar de la comunidad.

Trabajando de forma independiente dentro del campo, Project Elea proporciona servicios básicos como la distribución de ropa, el compromiso creativo a través de un programa variado de intercambio de habilidades, cultura y deportes, así como la formación a largo plazo mediante programas de educación y empleabilidad.

Gracias

A María Ángeles Torres por tus fotos, creatividad, horas de cocina y consejos a lo largo del camino. Gracias por confiar en este proyecto desde el principio. Tu profesionalidad subió la vara y nos hizo creer que era real y posible.

A Susan Jane Gilman por iniciar el proyecto con la primera entrevista y por escribir un prólogo que captó la esencia y la motivación de este libro. Gracias una vez más por ser la madrina de otro de nuestros proyectos.

A Sergi Cámara por ayudar al lector, a través de tus fotos, a visualizar el difícil viaje que la mayoría de los refugiados han realizado para llegar a Grecia. A Brad Fredricks por las imágenes del drone.

A Edu Bayer y a Rut Vilar por sus valiosos consejos.

A todos los cocineros del campo Eleonas. Gracias por abrir las puertas de sus casas y de sus corazones. Gracias por compartir su cultura, recetas y palabras. Gracias por enseñarnos que siempre hay una opción, que con fuerza y valentía todo es posible.

A Selena Herrera, Krista Hochstetler, Lucy Peploe, Rebekah Cheng, Natalia Navarro, Daniela Dini, Brandi Shapland, Emmy Todd, Pablo Rubio y todos los voluntarios de Project Elea que participaron con entusiasmo en la creación de este libro; haciendo entrevistas, degustando recetas deliciosas y grabando el proceso.

A Simone por darle vida a este libro con tu diseño. Gracias por el amor, la paciencia, la perseverancia y el compromiso que pones en tu trabajo. Sin vos esto no hubiera sido posible.

A la comunidad de Eleonas. Gracias por darnos la bienvenida, por cada taza de té, por cada sonrisa cálida, por cada «*chetori?*», cada «*ça va ?*» y cada «*Insha'Allah!*».

Fran.

Pensamientos / Reflexiones...

projectelea

Comparte tu experiencia
#RecipesWelcomeTheBook

Printed in Great Britain
by Amazon

73529823R00061